国家自科基金青年科学基金资助项目（编号：72003134）
首都经济贸易大学科研创新团队资助项目（编号：QNTD202104）

新发展格局下货币政策的转型：目标选择与传导分析

余晶晶　著

中国财经出版传媒集团
中国财政经济出版社

图书在版编目（CIP）数据

新发展格局下货币政策的转型：目标选择与传导分析 / 余晶晶著. --北京：中国财政经济出版社，2022.3

ISBN 978-7-5223-1172-2

Ⅰ.①新… Ⅱ.①余… Ⅲ.①货币政策-研究-中国 Ⅳ.①F822.0

中国版本图书馆 CIP 数据核字（2022）第 020965 号

责任编辑：马　真　　　　责任校对：张　凡

封面设计：北京兰卡绘世　　　　责任印制：党　辉

中国财政经济出版社 出版

URL：http：//www.cfeph.cn

E-mail：cfeph@cfeph.cn

社址：北京市海淀区阜成路甲 28 号　邮政编码：100142

营销中心电话：010-88191522

天猫网店：中国财政经济出版社旗舰店

网址：https：//zgczjjcbs.tmall.com

北京中兴印刷有限公司印刷　各地新华书店经销

成品尺寸：170mm×240mm　16 开　10.75 印张　147 000 字

2022 年 4 月第 1 版　2022 年 4 月北京第 1 次印刷

定价：58.00 元

ISBN 978-7-5223-1172-2

（图书出现印装问题，本社负责调换，电话：010-88190548）

本社质量投诉电话：010-88190744

打击盗版举报热线：010-88191661　QQ：2242791300

前言

党的十九届五中全会通过的《中共中央关于制定国民经济和社会发展第十四个五年规划和二〇三五年远景目标的建议》中提出，要加快构建以国内大循环为主体、国内国际双循环相互促进的新发展格局。2020 年底中央经济工作会议明确要求要牢牢抓住供给侧结构性改革这条主线以加快构建新发展格局。而金融供给侧结构性改革是“十四五”时期金融高质量发展的战略任务，是提升金融高质量发展、促进新发展格局形成的必由之路。新发展格局则要求强化国家战略科技的力量，在金融领域表现为深化金融供给侧改革需要强化金融与科技的结合，加快金融创新的步伐。当前金融创新具有两面性：金融创新突破了时空限制，降低了信息不对称程度与交易成本，分散了金融市场风险并提高了金融市场效率，但同时也极大地加剧了金融风险的传播。因此，怎么样利用好经济政策的宏观经济指引和微观经济调节作用，为防范风险、支持金融深化改革并最终助力建设新发展格局成为当前亟须解决的重要研究问题之一。

具体来讲，现阶段金融创新对货币政策的调控机制提出了新要求，金融科技这一新形态从提高金融市场利率敏感性、增加金融流动性的不确定性、改变货币流通速度和货币供需结构等方面影响着货币当局的政策执行效果。新时期如何完善货币政策框架以支持金融高质量发展是支持新发展格局构建的重要保障。国内外针对新发展格局要求下货币政策框架调整的研究乏善可陈，因此，本书立足中国建设新发展格局下货币政策环境，从“制度与环境背景——宏观角度分析货币政策最终目标和中间目标转型问题——微观角度分析货币政策传导机制与传导效率”这一分析框架入手，进行数据统计、事实分析、模型构建、经验验证等，以此探讨新发展格局下货币政策框架转型的路径，为完善货币政策框架提供具体的政策建议。本书的主要研究内容和观点包括：

（1）分析了当前全球的货币政策环境与货币政策工具特点，对比中国的货币政策环境与货币政策工具储备，对构建新发展格局下中国未来货币政策框架转型路径和空间进行了探讨。

（2）研究新发展格局下货币政策最终目标选择问题，本书先依据事实与数据统计分析了货币政策环境的变化，并依据货币政策理论分析了货币政策最终目标及目标锚的选择问题，并给出了货币政策目标选择的政策建议。

（3）研究新发展格局下货币政策中间目标变化时，本书列举数据与事实分析发现，经济新发展时期由于去杠杆取得一定效果，货币政策调控重心发生改变，故需要强调对货币供给总闸门的灵活性管理。由于过度金融创新加剧了影子银行等非正规金融活动，加剧了企业加杠杆行为，从而增加了系统性风险发生概率，这些事实使得货币供给管理存在一系列新难点与新特点，因此，本书对货币供给管理进行了系统性分析，并对如何管理货币提出了政策建议。

（4）研究新发展格局要求下货币政策传导的问题时，本书从理论基础与事实出发介绍货币政策传导的内涵与国别差别，并分析了当前环境下中国货币政策传导的主要渠道及传导难点，最后对疏通货币政策传导渠道进行了可行性分析，并对疏通货币政策传导路径进行了政策建议。

（5）从微观角度分析了构建新发展格局下货币政策的传导效率。以商业银行效率间接作为货币政策传导效率的指标，以商业银行市场竞争环境变化作为新发展格局的环境影响，验证了货币政策的传导效率。

本书的创新与贡献体现在以下几个方面：

（1）本书首先探讨分析了新发展格局下货币政策背景与货币政策空间；其次，针对新发展格局要求，整体分析了货币政策框架转型路径、特点与方向；最后，在货币政策最终目标、中间目标、传导渠道与传导效率之间构建了内在逻辑关系和理论框架，为构建货币政策框架进行了理论分析。

（2）本书首先结合事实与数据统计分析了货币政策面临的经济环境、框架转型的必要性、难点与可行性，并与国外货币政策环境与框架进行了对比分析，形成了总体宏观的认识；其次，从微观上深入分析了新发展格局环境下的货币政策效果，运用随机前沿方法、系统矩估计方法、固定效应估计等计量分析方法进行了经验验证，形成了事实佐证，为完善货币政策框架提供了经验证据。

（3）本书不仅系统地总结了经济发展新时期货币政策的现实效果，而且还对未来货币政策效果进行了预判；并基于研究观点，针对新发展格局要求，对下一步完善货币政策框架提出了详尽的政策建议。

作者

2022 年 1 月

目 录

第一章 绪 论

第一节 研究背景及问题的提出

一、研究背景

2020年5月14日，中共中央政治局常委会会议首次提出“构建国内国际双循环相互促进的新发展格局”。同年7月21日，习近平总书记在京召开的企业家座谈会上强调“逐步形成以国内大循环为主体、国内国际双循环相互促进的新发展格局”。新发展格局的提出与我国经济发展阶段、经济金融环境的变化密不可分，是重塑我国竞争与国际合作优势的战略抉择。当前我国经济金融环境呈现两大差异化特征，主要表现在供给侧结构性改革在去产能、去杠杆等领域取得重要进展，但金融领域资源分配不均衡等短板依然突出；外需增速放缓，投资增速持续回落，内需有待进一步提升。在此背景下，新发展格局对我国金融业高质量发展提出了更高的要求。建设长期稳定高质量发展的金融环境，需要全面深化改革、扩大开放，更需要通过金融创新来提供发展动能、提高改革效率、维护金融安全。

当前以人工智能、大数据和云计算等为代表的科技在金融领域的广泛应用催生出金融科技这一融合两者发展的新形态，国际金融稳定理事会（FSB）于2017年提出金融科技是指技术带来的金融创新，这种金融创新能带来新的业务模式、业务流程或产品，但金融科技也带来新的挑战。一方面，金融科技能形成集群效应，使得金融资源配置更为高效。大数据和区块链技术有利于贷款管理从而再造良好的信用环境，金融科技有助于提高金融服务的普惠性并从根本上缓解中小企业融资难与融资贵的现象；另一方面，金融科技带来的过度金融创新却会引起信用风险和套利风险隐患，从而提高系统性风险发生的概率。

鉴于金融科技对金融市场的复杂影响，更需要从政策制度层面改进以支持创建良好的金融市场环境，从而降低金融市场发展噪音，引导金融科技高效发展。货币政策是宏观调控的重要方式，合理、高效、健全的货币政策体系是支持金融高质量发展的重要支撑。中国人民银行在2020年季度货币政策执行报告中特别强调必须发挥货币政策的调节作用，以加快促进新发展格局的形成。当前金融市场环境对货币政策提出了新的要求。

1. 新发展格局下货币政策目标面临失效威胁

新发展阶段，由于金融业务电子化趋势明显，用户管理、资金结算、风险控制等功能被整合为一体，定制化和规模化的金融产品得到有力发展，使得货币需求不能被有效预估。无边界的金融科技创新改变了货币需求结构，投机性货币需求上升，交易性和预防性货币需求下降，进而改变了货币流通速度。随着金融深化与金融开放的进一步发展，非银行金融机构货币创造能力明显加强，加之数字货币改变了基础货币的内涵，货币层次之间的界限被模糊，增强了货币乘数的内生性和不稳定性。货币乘数、流通速度与需求函数的不稳定性阻碍了货币供应量的精确预估，货币政策目标面临失效的风险。

2. 金融科技创新提高了金融市场的利率敏感性，凸显货币政策工具的不足

金融科技创新使得业务形态呈现多样性与跨区域的特点，打破了资金的时空限制，有助于降低各类金融资产的交易成本和机会成本，提高金融市场之间的资金流动性和利率敏感性，有利于价格型货币政策工具发挥效率，并有助于货币政策工具由数量型向价格型转型。为了缓解经济发展失衡的矛盾，当前货币供给管理更多采用结构性货币政策工具，但由于市场

化利率形成和传导机制不健全，结构性货币政策工具中价格型货币政策调控工具较少，因此更需要创新价格型货币政策工具来提高货币政策调控效率。

3. 新发展格局下评估货币政策的经济调节效果较为复杂

现阶段，货币政策信贷传导渠道是货币政策发挥经济调节作用的主要渠道，而商业银行承担着货币政策的信贷传导渠道作用。一方面，新发展格局下金融市场强化开放与金融创新，会加剧微观经营主体的市场竞争程度。竞争的加剧可能会改变商业银行的风险资产配置行为，增加商业银行的营利动机，从而提高商业银行的风险偏好，进而导致金融资源配置失衡、恶化企业的融资结构，降低货币政策的信贷渠道传导效率。另一方面，金融科技创新与金融开放有助于商业银行提高贷款监督与贷后管理能力，从而建立多层次的信贷体系，再造良好的信用环境，并最终有助于提高信贷传导渠道的货币政策传导效率。现阶段金融主体发展受金融市场影响的复杂性决定了货币政策传导效率评估的复杂程度。

二、问题的提出

新发展格局要求完善体制和政策，深化金融改革，提高金融服务实体经济的能力。在新一轮科技革命和产业变革的牵引下，中国经济发展逐步从“要素驱动”转向“创新驱动”、从“规模扩张”转向“结构升级”、从“数量追赶”转向“质量追赶”（王一鸣，2020）。在这一过程中，货币政策既起着宏观经济调控的作用，又置身其中深受影响。宏观上，金融主体多元化、金融市场去中介化、金融机构去中心化、经营模式混业化等带来了新的风险，增加了监管的难度，也提高了货币政策目标动态调整的紧迫性。金融创新使得货币政策目标锚的可控性与可测性减弱，进一步削弱了货币政策目标锚的盯住效果；微观上，信息优势、互联网技术优势、成本优势等极大程度上消融了传统金融信息不对称下的“道德风险”和“逆向选择”问题，从而提高了金融效率，但挑战了信用中介的核心职能，使得货币政策的微观调节机制和宏观调控体系发生了系列的变化，对准确评估货币政策调控效果构成了新的挑战。

这就产生了几个亟须深入探讨的问题：新发展格局下，货币政策市场环境如何变化？货币政策制度中哪些关键因素与环节需要重点设定？货币政策效果如何评估？如何优化货币政策传导路径，并提高货币政策传导效率？回答以上问题，对完善新发展格局下货币政策框架起着重要的借鉴作用。

三、研究意义

构建新发展格局需要立足当下、重塑未来，进行更深层次的改革。在坚持开放与创新这一创设新发展格局之路上，微观经济主体行为和宏观经济环境发生巨大变化，怎么样完善政策制度对实现经济增长、维护金融稳定、支持金融高质量发展、深化改革等特定目标具有重要的意义。

1. 学术价值与理论意义

新发展格局是2020年习近平总书记论述如何科学认识把握发展规律而提出的重要理论与经济发展战略抉择。目前对新发展格局的研究集中于研究其内涵、实现路径及国内外经济环境，从货币政策制度层面讨论的较少。因此，本书从宏观、微观等多个角度系统科学地分析新发展格局下货币政策特点，有助于弥补货币政策理论与事实间的协调连接；研究货币政策的传导机制与效率，有助于促进货币政策宏观理论与货币银行微观理论的融合与发展；透析货币政策环境与货币政策变化特征，有助于促进监管理论与实践的推进。

2. 应用价值与现实意义

世界性金融危机爆发后，各国都在对政策制度进行反思，对货币政策的反思首当其冲。对发达经济体国家和一些发展中国家来说，“单一目标、单一工具”制度下的货币政策并没有起到预防金融危机的作用，金融危机下的通货紧缩和产出损失挑战着此前“常态化”的货币政策规则，寻找货币政策新框架达成共识。对实行多目标制、多工具的发展中国家而言，目标之间的权衡和政策工具的协调成为重要但困难的决策。金融运作机制与微观经济主体都发生巨大变化的情况下，货币政策如何适应经济发展新阶段，制度性引领经济稳定增长是保障新发展格局实现的重要途径。因此本书对货币政策的最终目标、中间目标、传导机制及传导效率等方面进行全方面阐释，为完善货币政策框架提供具体的政策建议。

第二节　研究思路与研究内容

一、研究思路与逻辑框架

1. 研究思路

货币政策问题叠加了宏观经济指引和微观经济调节的双重任务，因此货币政策的目标选择与经济调节效率在新发展格局下就显得尤其重要。参考政策框架构建经验（徐传平，2016），本书首先对新发展格局下货币政策目标和货币政策传导进行全面的梳理；其次分别从宏观角度和微观角度研究货币政策问题，从宏观角度对货币政策中间目标与最终目标进行深入研究，从微观角度对货币政策传导渠道与传导效率进行深入研究；最后从理论与实证层面上论证货币政策目标选择、传导效率与传导路径问题，为货币政策框架构建提供经验论证，并为监管层完善货币政策实施框架提供借鉴。

2. 逻辑框架

根据研究目的和研究思路，本书各部分之间的逻辑关系如图 1 - 1 所示。

二、研究内容与结构安排

根据本书的研究思路与研究逻辑，本书的研究内容主要归结为三大部分：

1. 从宏观角度研究货币政策目标选择问题

新发展格局要求实现经济的高质量发展并牢牢把握经济安全，基于货币

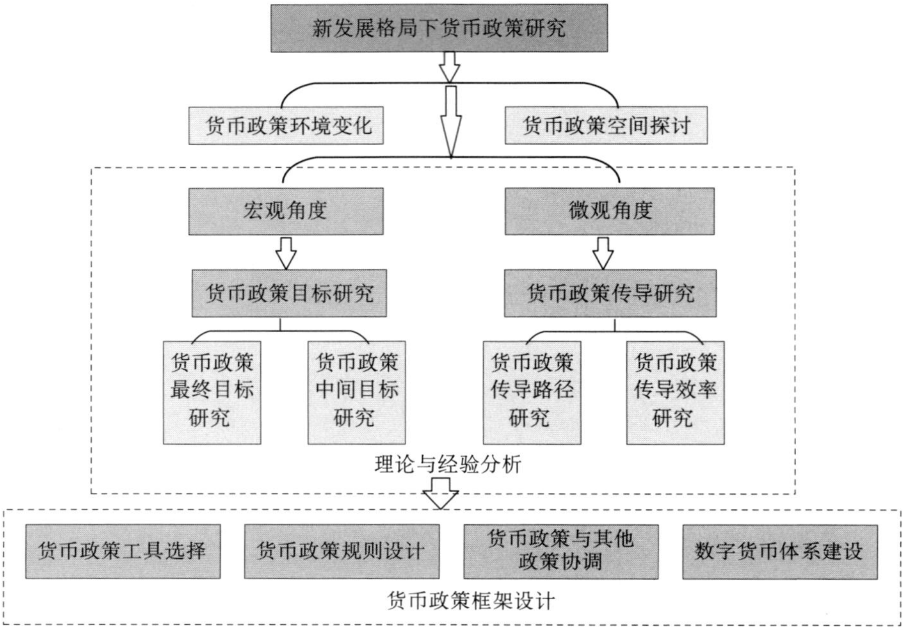

图 1-1 逻辑框架图

政策的宏观经济调控作用，从宏观经济层面分析货币政策问题成为研究货币政策框架的重要思路与方式。货币政策作用于宏观经济层面具体体现在最终目标、中间目标的制定上。新发展格局对货币政策最终目标、货币政策中间目标提出了新的要求，因此本书重点研究新发展格局下货币政策最终目标、中间目标的选择问题，试图回答：新发展格局下，货币政策市场环境如何变化？货币政策目标发生了哪些变化？如何优化货币政策目标？

具体包括如下两部分的研究内容：

（1）货币政策最终目标研究。货币政策的一般目标是稳定物价、充分就业、经济增长、国际收支平衡和保持金融稳定。改革开放以来，以控制通胀为主的中国货币政策还兼顾着其他职责，包括指引经济进行改革和转型，因此基于多方面政策需求，货币政策对维持经济和物价的基本稳定、金融调控机制的改革和发展发挥了重要的作用。新发展格局下，金融开放与金融科技创新对货币政策支持经济发展带来了新的影响，一方面，信息传播效率的提高增加了货币政策的预期传导效应，货币政策施行大范围总量刺激政策更容易引起结构失衡问题（张晓慧，2017），从而放大了系统性风险发生的概率，货币政策目标从“稳增长”逐渐向“防风险”转变；另一方面，数字货币的出现重新定义了货币的支付功能、价值尺度等职能，这对基于货币调控的政策能否实现经济增长目标带来了新的思考。本部分主要对新发展格局下货币政策最终目标转变进行研究，具体的研究内容体系如图 1 - 2 所示。

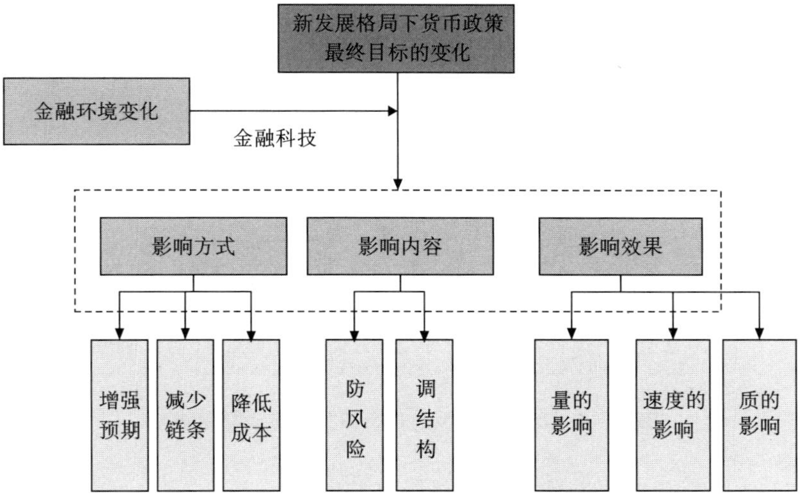

图 1 - 2 货币政策最终目标研究内容逻辑关系图

（2）货币政策中间目标研究。货币政策工具经由货币政策传导机制的作用来影响最终目标，从而发挥货币政策作用效力。货币政策中间目标的作用在于为此传导过程设定可供检验纠偏的调控方向与调整幅度。一般来看，货币供应量作为货币政策中间目标是基于货币供应的可测与可控，并与经济活动具有较高的相关性。但是对于金融开放与金融科技创新发展等因素带来的金融市场复杂化导致流动性不可控、杠杆率高企、经济脱实向虚等问题，货币供给量管理呈现出新的特点。本部分围绕货币供应量管理的现实需求与新特点、管理货币供应量的难点与着力点等方面展开研究。具体研究内容体系如图 1 - 3 所示。

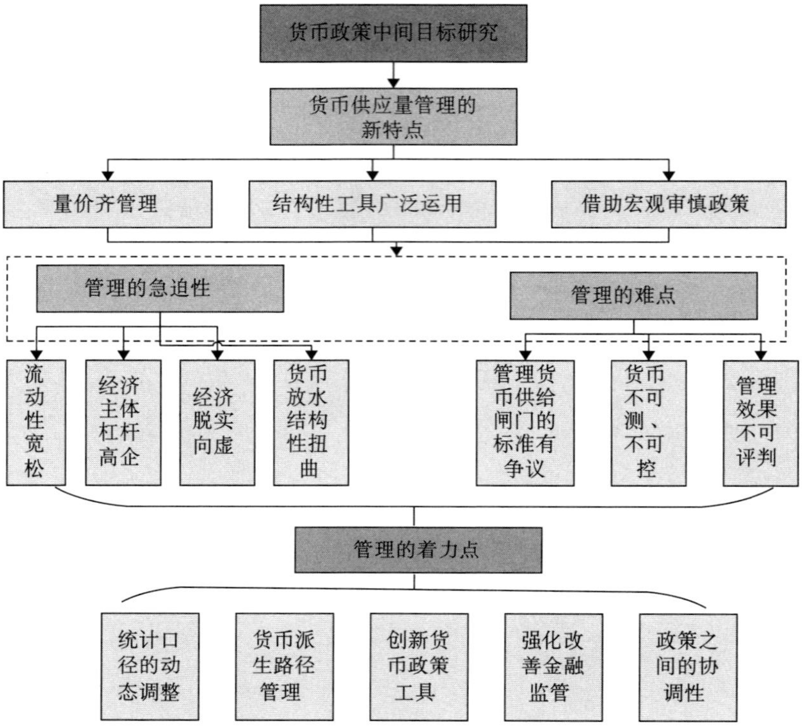

图 1-3　货币政策中间目标研究内容逻辑关系图

2. 从微观角度研究货币政策传导机制问题

由于货币政策作用主体的微观性，着眼于微观层面分析货币政策效果成为研究货币政策框架的重要手段。货币政策传导是货币政策的微观作用途径，新发展格局下金融市场环境给货币政策传导加入了新的元素与特征，因此本书重点研究新阶段货币政策传导问题，包括货币政策的传导路径和传导效率，试图回答：新发展格局下，货币政策传导路径与传导效率如何改变？如何优化货币政策传导路径，并提高货币政策传导效率？

具体包括如下两部分的研究内容：

（1）货币政策传导路径研究。货币政策传导机制用于描述货币政策影响实体经济的动态传导过程（Bernanke 和 Gertler，1990），货币政策传导机制对各国货币政策实施起着极其重要的作用。货币政策传导渠道是货币政策传导路径的直观解释，当前阶段信用供给与需求的不平衡使得中国的企业融资面临巨大的困境，货币政策传导渠道不畅加深了流动性在信用供给端的淤积，进一步增加了企业融资的困难。对货币政策传导渠道的深入研究有助于充分发挥货币政策的调节作用、支持实体经济融资、提高金融高质量发展水平。本部分主要对货币政策传导的难点、货币政策传导渠道的内涵、疏通货币政策传导渠道的途径等方面展开研究。具体研究内容体系如图 1－4 所示。

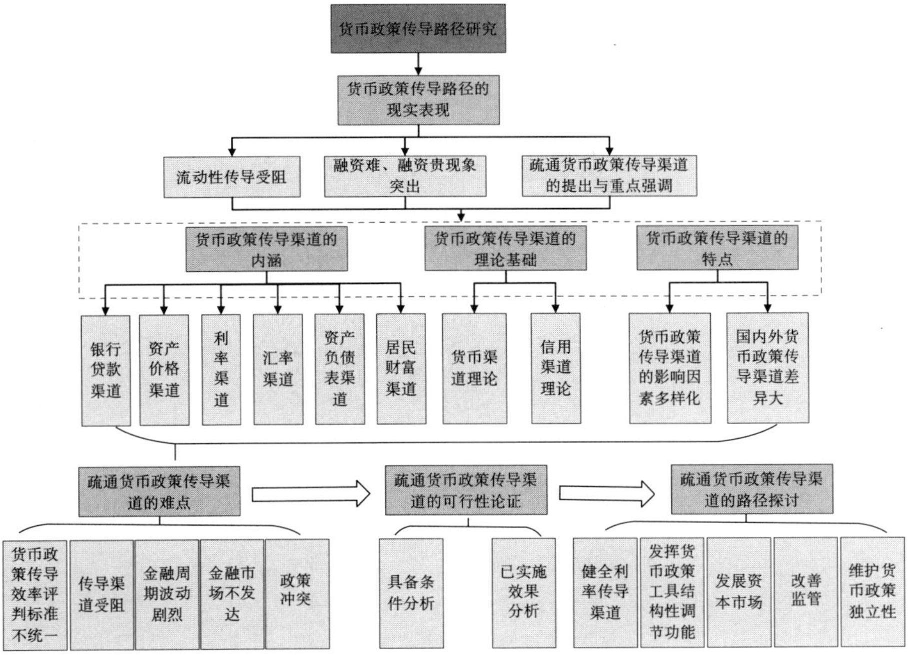

图 1－4 货币政策传导路径研究内容逻辑关系图

（2）货币政策传导效率研究。货币政策对微观经济主体的影响效果外在表现为货币政策的传导效率，如何度量货币政策传导效率是研究货币政策调控经济效果的关键性问题。货币政策的两大主要传导渠道是利率渠道和信贷渠道（Mishkin，2010）。在中国经济转型的过程中，由于利率汇率联动机制制约了政策利率的独立性、产能过剩阻碍长期利率向投资的传导、金融机构表外业务占用准备金引致市场利率脱离政策利率大幅度波动等原因使利率传导渠道有效性大大降低。因此尽管利率市场化改革使货币政策工具向更加市场化的价格型手段过渡，但目前融资结构以间接融资占主导，金融管制依然较强，货币政策的信贷渠道仍然是主要的货币政策传导渠道。商业银行效率是商业银行信贷资源配置效率的综合体现，因此也是货币政策传导效率的间接体现。新发展格局下，货币政策如何影响商业银行效率变化成为研究货币政策传导效率的有力表现形式。本部分通过构建货币政策影响商业银行效率的理论模型并通过经验验证来研究货币政策传导效率。具体研究内容体系如图 1 – 5 所示。

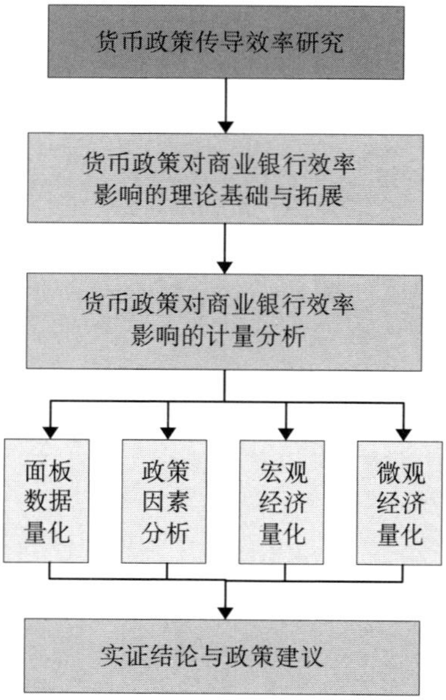

图 1 – 5　货币政策传导效率研究内容逻辑关系图

3. 货币政策框架构建的政策建议

基于前文的理论与实证分析，本部分重点从货币政策目标调整、政策工具管理、政策调控模式、政策协调等方面为构建金融科技发展背景下货币政策框架提出相应的政策建议。在货币政策目标调整方面，通过对新发展格局下货币政策最终目标与中间目标分析可知，货币政策锚需要重新界定。需要增强预防性动机，增加以防止发生系统性风险为目的和灵活调整经济结构为目的的货币政策最终目标，动态调整货币政策中间目标，以维护货币政策的独立性与灵活度；在货币政策工具的选择方面，对货币政策工具进行大力创新以发挥结构性调节的功能，同时基于定价机制原理，利用货币政策工具引导定价机制生成以降低交易成本，界定货币政策工具决策权以发挥货币政策工具前瞻性指引的功能；在政策调控模式方面，明确央行的政策利率与其他辅助性政策工具之间的关系，发展利率走廊模式，消除利率双轨制，稳定市场预期以提高货币政策传导效率；在货币政策与其他政策协调方面，充分保障国务院金融稳定发展委员会的顶层设计职能，提升央行地位以维护货币政策独立性，发挥财政政策的引导作用，推进硬化地方政府和国有企业预算约束的体制改革，完善社会保障机制等措施来增加货币政策调控效力。

本书共分为七章，本书的结构安排为：

第一章为绪论部分。该章具体介绍了全书的研究背景和研究问题、研究意义、研究思路和技术路线图、研究方法及结构安排、研究的主要观点及可能的创新之处。

第二章至第六章是体现本书研究内容的核心章节。第二章阐述新发展格局下的货币政策环境及货币政策空间，以分析新发展格局下货币政策转变之策。第三章和第四章从宏观角度研究货币政策目标选择问题，包括第三章具体讨论货币政策的最终目标，第四章具体讨论货币政策的中间目标。第五章和第六章从微观角度讨论货币政策传导问题。第五章具体讨论新阶段货币政策传导渠道受阻的表现与原因，并探讨疏通货币政策传导渠道的途径与方法。第六章讨论从微观经济主体角度来衡量货币政策传导效率，为提高货币政策传导效率提供经验证据。

第七章是本书的结论与政策建议部分。首先，该章对第三章至第六章的研究结论进行了提炼与总结；其次，结合前文的研究内容提出了本书的政策建议；最后，该章指出了本书在上述研究中的不足之处，并提出了未来的研究方向。

三、研究方法

1. 宏观和微观相结合

从宏观层面描述新发展格局背景下，货币政策目标、政策工具、政策传导机制等货币政策变化的系列特征，以反映新阶段货币政策总体变化特征。微观层面从微观经济主体角度来体现货币政策的传导效率，为完善货币政策框架提供经验佐证。

2. 定性与定量结合

进行宏观分析时，结合已有的文献与数据事实定性分析近年来货币政策的系列变化特点。为了追求更有说服力的论证效果，本书加入对微观数据的定量分析。定量分析中首先建立理论模型，以阐明逻辑机理，而后采用微观数据进行计量检验以寻求经验证据。

3. 理论与现实结合

以基础理论为指导，以事实为依据，结合当前的监管环境、政策制度环境等，分析新发展格局下中国货币政策特点，并提出可行的政策建议。

第三节　相关理论回顾及本书的创新点

一、相关理论回顾

1. 对新发展格局的研究

目前理论界从经济循环角度对新发展格局加以阐释，新发展格局是指以国内大循环为主体、国内国际双循环相互促进的发展格局。这种循环强调整个社会再生产的总循环、国内经济与国际经济流通交互的大循环、社会总供给与总需求的动态循环（逄锦聚，2020），是适应经济社会发展规律与新时代社会发展需求的理论纲领。

百年未有之大变局催生了新发展格局理论，其中经济全球化退潮和全球产业链调整是推动大变局的深层因素（王一鸣，2020）。寻求专业化利润与规模经济收益促进了全球产业链的发展（Los 等，2015），自 2008 年国际金融危机以来，随着世界经济进入结构再平衡与深度调整状态，全球化发展水平下降，伴随着跨国公司跨国业务的收缩，全球产业链出现停滞发展状态。但随着新一轮科技革命和产业变革的到来，科技创新对推动全球产业链调整带来了惊人的力量。数字技术、人工智能等信息技术能有效提升产业链价值链的模块化程度，提高行业间的协同便捷程度，从而促进了产业生产率提高和效率增长（Sturgeon，2019）。伴随着科技的快速发展，信息技术提高了金融服务效率并重塑了金融行业格局，更进一步改变了全球产业链结构。金融与科技的融合创生出“金融科技（Fintech）”这一形态。从经济功能视角出发，金融稳定委员会将金融科技创新归纳为五大类，即支付结算类（例如，移动支付和数字货币）、保险类（例如，P2P 保险）、投资管理类（例如，智能投顾）、存贷款与资本筹集类（例如，P2P 融资和众筹融资）以及市场设施类（例如，分布式账本和大数据计算）。当前科技金融体系在全球范围内的演变有两种机制：渐进式的美国模式与爆发式的中国模式（邓辛，2019），但不论何种发展机制，当前的金融科技在移动支付、网络融资、财富管理和数据分析等方面发展业务较为成熟，在中国则以移动支付和网络融资方面见长。这就注定金融科技下的金融形态既是对传统金融市场的业务争夺，又是对传统金融市场的有力补充，这种互助与挑战体现在服务对象、融资渠道与风险控制等方面。这也就注定了全球产业链发展环境开始了持续不断的演化与深化，金融科技创新强的国家拥有更多的产业链条与利益分配权。在全球产业链回缩的现状下，金融科技创新进一步加剧了全球产业链调整结构的不平衡。

全球产业链的调整，加之疫情大流行造成全球经济发展的深度衰退。经济复苏的时滞会引发全球经济发展结构性问题的逐步演化，并进一步带来世界经济动荡。在这种世界经济发展环境下催生的新发展格局理论，强调了经济发展的高质量、高标准要求，强化结构升级、创新驱动、绿色发展等。因此需要从完善货币政策等体制机制和政策、加快国有企业改革、加快自主创新等方面入手（江小涓，2020），寻求新发展格局路径，实现高水平经济发展动能。

2. 对货币政策理论的研究

货币理论大体可以划分为货币需求理论和货币供给理论。货币需求理论侧重于研究货币的微观功能，包括支付功能、价值尺度等功能；而货币供给理论侧重于研究货币政策理论，即主要研究货币政策的框架体系，包括货币政策目标、货币政策传导机制、货币政策工具与效果等。

货币政策目标大体分类为最终目标与中间目标，关于最终目标的研究争议集中于争论是单一目标体系还是多目标体系（范从来，2010）。货币政策最终目标经历了一段演变过程，最终目标的决定取决于中央银行与政府的关系以及被赋予的职责。早期，大多数国家中央银行从属于政府，解决经济增长等问题的多目标制盛行，由于多目标制之间冲突增加等问题，以加拿大、新西兰、英国为首的20多个国家先后放弃了货币政策的多目标制，基于货币中性论为理论基础的单一目标“通货膨胀目标制”成为货币政策的最终目标。由于金融危机带来的资产价格剧烈波动，为平抑宏观风险，美国等国家实行关注金融稳定、通货膨胀等的多目标制。从最终目标的实施方面来讲，单一目标与多目标并没有表现出一方的绝对优势。

货币政策框架是归纳货币政策决策到货币政策最终效应的作用体系，货币政策传导机制是其作用机制，而货币政策传导渠道是货币政策传导机制的直接表现形式。基于货币政策传导渠道的多样性与效果测度的复杂性，目前对货币政策传导渠道的相关研究结论尚未形成共识。早在1776年，Adam Smith秉承货币中性论，认为货币政策引起的利率调整将使得货币供应量出现相同的变化，因此仅仅引起通货膨胀水平的同等变化，总产出并不会改变。1936年Keynes对其进行反驳，认为货币在短期内非中性，因此货币政策会影响经济产出。货币学派和理性预期学派则进一步拓展货币非中性特征，奠定了货币政策逆周期调节的理论基础，也拓宽了对货币政策传导渠道的研究。基于银行贷款与证券类资产的可否替代性，银行贷款与非银行资金来源之间的可否替代性，Mishkin（1995）将货币政策传导渠道分为“货币渠道”和“信用渠道”两大类。建立在完全信息的金融市场和资产完全可替代性的假设基础上，“货币渠道”认为货币政策传导通过金融资产间的相对价格变化来影响产出（Tobin，1969）。而“信用渠道”认为金融市场中的信息不对称使得企业内源融资资金成本与外源融资资金成本存在差异，资产不可替代性会使得信贷供给冲击直接削弱借款企业的投资行为，并最终影响产出（Kashyap 和 Stein，2000）。

货币政策传导渠道之间的争议引出了货币政策调控框架的争议。现行的货币政策调控框架兼具数量型和价格型两种调控框架，调控框架区分的本质是货币政策中间目标的不同。数量型货币政策调控框架以货币供应量为货币政策中间目标，价格型货币政策调控框架以利率为货币政策中间目标。货币供应量行之有效的理论依据是货币乘数论和货币数量论，两者构建了货币供应量、货币需求与经济增长之间的稳定关系，假定商业银行是信用创造主体，货币需求是稳定的，从而货币供应量满足可测性与可控性，能用来反映货币政策调控效果。价格型货币政策调控框架充分发挥利率这一资金价格的调控效果，其理论依据是泰勒规则和利率走廊理论。Taylor（1993）创立的泰勒规则强调利率、通货膨胀与产出之间有稳定的关系，通过改变短期利率可以影响产出。Whithsell（2006）在早期提出的理论改进总结的基础上指出利率走廊理论旨在构建最优货币政策与目标利率之间的联系。Woodford（2001）给出了利率走廊理论的具体操作防范，即央行通过对政策利率设置上限和下限，形成利率走廊区间，从而只用调整利率走廊区间就能实现政策利率对市场利率的引导和调控。

不同国家由于金融市场发展环境不一样，采取的货币政策调控方式不一样。以美国、德国等为代表的发达国家采取的是价格型货币政策调控体系，许多新兴市场经济体国家如巴西、印度等在经历 2008 年金融危机后也调整为价格型货币政策调控框架，但中国目前实行的仍然是数量型货币政策调控框架。但随着金融市场环境改变，由于公众预期、利率管制、货币供给内生性、汇率管理制度等因素（陈利平，2006）的影响，货币层次界限逐渐模糊，加之金融脱媒、数字经济等金融创新削弱了货币供应量的可测性与可控性，货币供应量调控有效性下降。这种情况下，改变数量型货币政策调控框架向价格型货币政策调控框架转变（伍戈和连飞，2016）、增设社会融资规模（盛松成，2012）等中间目标成为中国学者探讨的货币政策调控框架转型路径。

关于货币政策效果的研究目前可以分为三大类内容：一大类是结合宏观经济发展与微观经济体发展研究不同类型的货币政策效果，如探讨宽松型货币政策与紧缩型货币政策效果、结构性货币政策与非结构性货币政策等，目前研究集中于讨论此分类货币政策效果的非对称性（张淑娟和王晓天，2016；刘海明和李明明，2020）。另一大类是研究不同中间目标和不同货币政策工具的货币政策调控效果，这部分研究结论不统一（彭俞超和方意，2016；胡志九，2018；李宏瑾和苏乃芳，2020；张龙等，2020）。部分学者认为价格型货币政策效果更有效，也有部分学者认为要结合经济发展程度与制度政策来衡量货币政策调控的效果，较多学者认为中国目前仍较多采取数量型货币政策，未来可以向价格型货币政策转型。还有一大类研究外生冲击如经济不确定性、经济周期波动等对货币政策效果的影响，从而探讨货币政策的适应性与转型的可行性（刘喜和等，2014；庄子罐等，2016；苏治等，2019）。

3. 新发展格局与货币政策的关联研究

对货币政策框架转型的研究中，何德旭和冯明（2019）系统梳理了70年来中国货币政策框架的演进脉络，指出中国货币政策转型经历了五个阶段，分别为新中国成立之初的国民经济恢复时期、计划经济时期、计划与市场调节并存时期、建立与完善社会主义市场经济时期、2013年全面深化改革以后的时期。货币政策框架随着经济发展时期呈现不同的变化，特别是2013年全面深化改革以来，货币金融环境高度复杂化，依据特定环境发挥作用的货币政策框架随之进行了调整，但依然暴露出一些诸如货币政策多目标的协调与优先冲突、中间目标锚定效果减弱、传导效率下降等问题，亟须对货币政策框架进行完善。

新发展格局下货币政策环境经历了一系列新的变化，特别是形成了以金融科技创新为标志，以科技创新为发展动能的经济发展现状。从积极方面来看金融科技创新增强带来了融资成本降低、货币政策创新工具增加等益处，但从消极方面来看，创新的货币政策工具在全球经济增长下降的市场环境下增强了国际货币政策的外溢效应，从而提高了内部金融安全的不稳定性，也加剧了内部金融市场的结构性矛盾（Iacoviello 和 Navarro，2019）。新发展格局要求提高金融发展质量以支持经济发展，这对货币政策框架提出了新的要求。目前在新发展格局背景下探讨货币政策框架转型的研究较少，有少数学者分析金融科技创新对货币政策的影响，这些研究从微观角度探讨金融科技创新对货币政策有效性、货币供需、货币政策传导机制等的影响（Kuttner 和 Mosser，2002；Choi 和 Oh，2003；Liao 和 Tapsoba，2014；夏斌和廖强，2001；康继军等，2012；李宏瑾和苏乃芳，2017）。鉴于金融科技创新对货币政策的影响较为复杂，一方面能通过增强金融资产流动性、替代性从而提高货币政策传导效率，但另一方面又会使得金融中间变量与货币政策最终目标之间的关系不稳定，从而削弱货币政策效果，故学者们对金融创新影响货币政策的研究结论也不统一。

二、现有研究的局限性

科技创新是建设新发展格局的必由之路。当前金融与科技快速融合发展并衍生出的新生态系统对整个社会经济金融环境已经产生并将持续产生重大而深远影响的情况下，重新审视货币政策环境以分析并完善货币政策框架，是提高金融发展质量、适应新发展格局的前提。纵观现有研究尚且存在如下的局限性：

（1）当前深入分析货币政策环境，从而探讨货币政策框架转型空间的研究较少。针对新发展格局下以金融科技影响为标志的货币政策环境变化，分析金融科技对货币政策整体框架影响的研究较少，且关于金融科技创新对货币政策的研究结论并不统一。

（2）当前对货币政策整体框架转型的研究较少，对新发展格局要求下货币政策整体框架转型的研究较少，大部分研究仅仅摘取某一部分内容进行研究，不利于货币政策框架的完善。

（3）国内外货币政策环境不同，政策制度也不同，国外货币政策转型研究对指导中国新发展格局下货币政策框架转型作用有限。且国内已有的研究大多以定性研究为主，缺乏必要的数据分析与经验分析，对完善货币政策框架指导作用有限。

三、本书的创新点

本书在已有研究基础和事实的基础上，结合中国的数据开展深入的研究为完善货币政策框架提供可行的政策建议，本书的创新点归纳如下：

（1）本书探讨分析新发展格局下货币政策环境背景与货币政策环境空间后，针对新发展格局要求，整体分析货币政策框架转型路径、特点与方向。对货币政策最终目标、中间目标、传导渠道与传导效率之间构建内在逻辑关系和理论框架，为构建货币政策框架提供理论分析与经验验证。

（2）本书结合事实与数据统计分析货币政策面临的经济环境、框架转型的必要性、难点与可行性，并与国外货币政策环境与框架进行对比分析，以形成总体宏观性认识；微观上深入分析新发展格局环境下货币政策效果，运用随机前沿方法、系统矩估计方法、固定效应估计等计量分析方法进行经验验证，以形成事实佐证，为完善货币政策框架提供经验证据。

（3）本书不仅系统地总结了经济发展新时期货币政策的现实效果，还对未来货币政策效果进行了预判。并基于研究观点，针对新发展格局要求，对下一步完善货币政策框架提出了详尽的政策建议。

第二章　全球货币政策环境与中国货币政策空间

本章以解决问题“全球性货币政策环境有什么变化？货币政策操作逻辑有何变化？中国未来货币政策空间如何？”为出发点，系统介绍了全球货币政策环境变化与货币政策工具的内涵、理论基础、操作逻辑、作用机制及效果，最后结合中国的货币政策环境分析中国未来的货币政策空间。

第一节　全球货币政策环境与货币政策工具

2008 年的金融危机无疑造成第二次世界大战后最严重的经济衰退（IMF，2009），多个经济体将利率降低到零附近以提振经济，但逼近于零的利率面临流动性陷阱制约使得传统货币政策效果大为减弱，投资和产能利用率低于预期，因此非常规货币政策开始被多个央行采纳。负利率货币政策这一非常规货币政策开始被频繁采用，2020 年后由于疫情危机，英、日、欧洲等经济体更是频繁使用负利率货币政策。负利率货币政策因其固有特征呈现出政策效果错综复杂的局面，引发了社会各界对货币政策的一场大讨论（Buiter，2010），并脱离仅限于少数学者的研究范畴走向大众视野。

一、全球性货币政策环境

1. 资产长期收益率下降，负收益的全球债券总额逐步增加

长期来看，各个国家真实利率处于逐渐下降的趋势，全球主要经济体

的平均真实利率从1980年的6%逐渐下降到2019年的负收益率（Summers和Rachel，2019）。低利率维持了较长的时间，据国际清算银行（BIS）报告数据显示仅仅2014年12月至2015年5月之间，全球以负利率交易的长期主权债务约2万亿美元，并以欧元区主权国家债务交易为主导，典型国家如法国、德国、瑞士的5年期、9年期、15年期等长期主权债券的收益率为负。

学者对低利率可能的原因进行了多种探讨，Bernanke（2004）认为全球主权国家央行货币政策的“大缓和”造成了通胀水平和波动率的稳步下降，从而拉低通胀预期和期限溢价，最终带动名义利率下降。Bernanke（2005）同时指出新兴市场储蓄率过盛会压低名义利率，金融危机后鉴于全球货币政策框架的微调、不平等现象突出、技术进步与人口增速下降等结构性变化因素的存在，Summers（2010）强调在经济增速放缓的局面下，低利率将长期存在。Rachel和Smith（2015）、Eggertsson等（2019）将名义利率进行定量拆分来详细解释利率下降的真实原因，背后的原因如经济潜在增速、储蓄偏好、投资偏好变化因素等构成制定负利率货币政策的现实环境。

在资产收益率长期下降的同时，全球债务水平却逐渐增加（见图2-1），全球主要经济体平均债务相对GDP的比率从1980年的139%增加到2019年超过270%的水平（Summers和Rachel，2019）。2007年金融危机之后，发达经济体债务水平急剧膨胀，2019年公共债务占GDP比重超过270%，远高于金融危机前75%的水平。一些典型国家如日本、希腊、意大利等债务比例更是超过150%以上。由于商品供应商大量贷款行为，主权国家债务发行量年均增速也处于高速增长状态。国际清算银行（BIS）2019报告数据显示，发达经济体债务发行量年均增长率超过12%，新兴经济体债务发行量年均增长率更是将近20%。巨额负债和低利率导致的金融繁荣会引起劳动力错误配置、削弱银行资产负债表、引起资产错误定价等不利因素，并使得利率水平偏离非均衡水平，而非均衡状态下的利率水平会使得低利率自我验证从而导致更低利率水平。

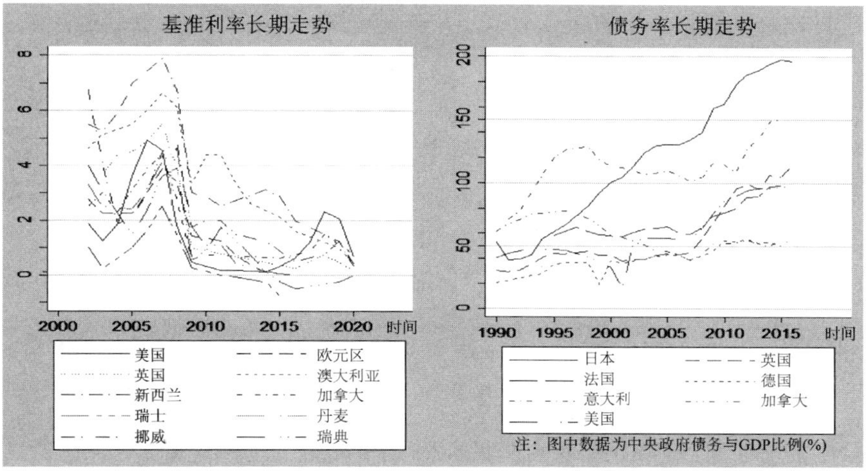

图 2 - 1　主要经济体的利率与债务率长期走势

资料来源：Wind、各国央行。

2. 低资产收益率环境下投资者风险承担增强

投资者追逐资产高收益率并没有因低利率环境而改变，投资者风险承担能力增强，对高风险高收益资产趋之若鹜，体现为长期国债收益率持续下降的情况下，多个新兴市场股票价格反而持续攀高（见图 2 - 2）。Wind 数据显示，2019 年年底，10 年期德国国债收益率为 -0.19%，10 年期日本国债收益率为 -0.01%，法国、加拿大等国家长期国债收益率仅维持在零附近。与此同时，全球经济体从危机复苏后经济发展展示出不平衡性，但投资者投资组合却表现出趋同性，对高风险资产风险容忍度增加。据国际货币基金组织 2019 年报告数据显示，新兴市场经济体中境外投资者持有的本国国债比例从 2005 年的 9% 左右飙升至 2018 年的 25% 左右，在墨西哥、印度尼西亚、波兰和秘鲁则超过 35%。Rachel 和 Smith（2015）研究全球 11 个发达经济体 1980—2010 年的资本市场情况，发现资本品价格逐步下降，相对最初降幅达 30%，而投资者的风险溢价却上升约 1 个百分点。

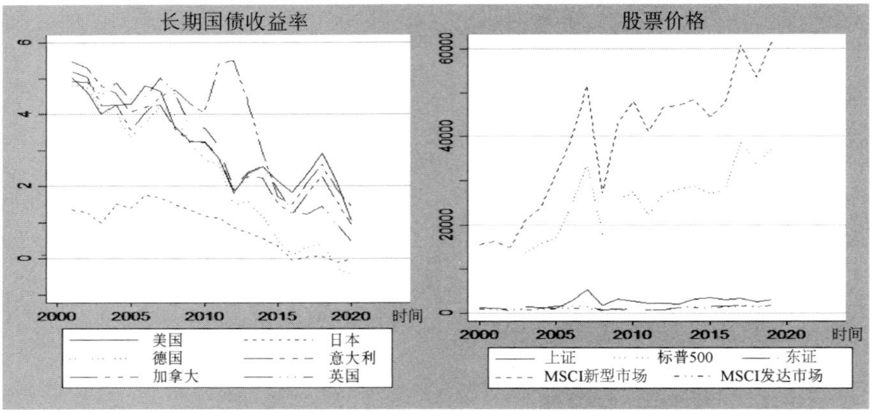

图 2－2 低资产收益率环境下的资产价格表现

资料来源：Wind。

3. 伴随着全球化程度进一步上升状态下的全球经济增速下滑

贸易与金融开放之间的共生、全球价值链的创设增加了全球经济一体化程度，而随着贸易、国际负债等金融资产之间紧密的联系，新兴市场经济体和发达经济体之间产生了越来越明显的贸易外溢和内溢效应、金融外溢和内溢效应，由此加剧了全球经济体经济增长波动的一致性（见图 2－3）。在经济体实施负利率货币政策的前几年，全球主要经济体经济增速持续下滑，据国际清算银行（BIS）2019 报告数据显示，2012—2013 年全球经济增长率下降至 3.2%。2017—2018 年，全球经济增速从 3.9% 下降到 3.7%。

从深层次的角度来看，2008 年后，全球各主要国家紧随日本之后逐渐进入老龄化、深度老龄化社会，劳动人口陆续迎来拐点，经济增长率逐步下跌。如图 2－4 所示。

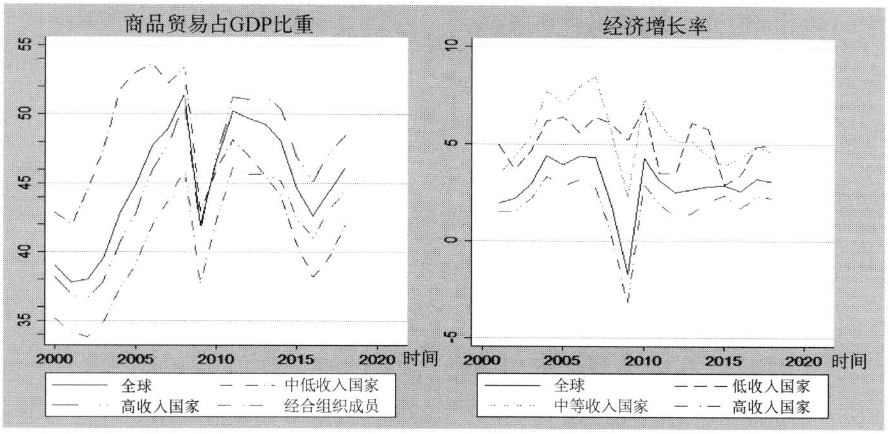

图 2-3　全球贸易依存度与经济增长率

资料来源：Wind。

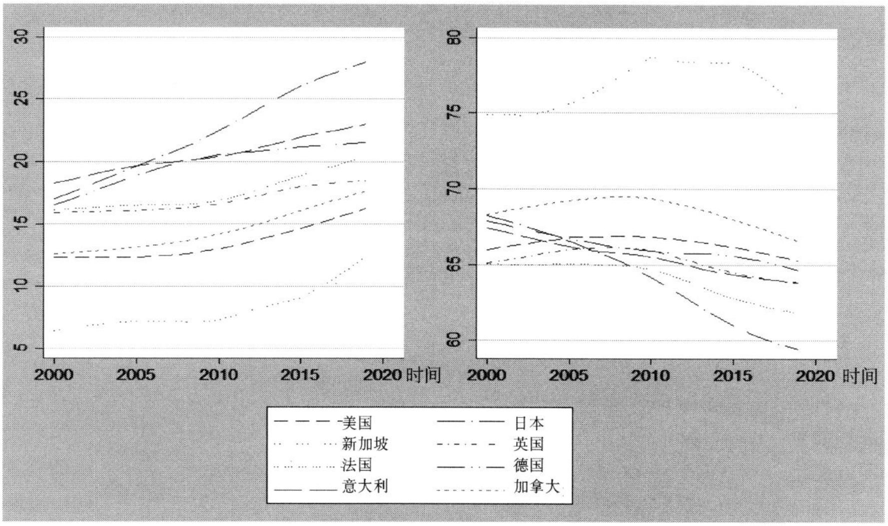

图 2-4　主要经济体人口构成比例

资料来源：Wind。其中左图表示老龄化人口比例，右图表示劳动力比例。

二、全球性货币政策工具

较低的利率降低了储蓄的回报率和企业投资的“门槛利率”，因此能增加消费与投资，并进而增加总需求。故当央行预判经济总需求不足的时候，对处于零附近的利率现状，只能实行负利率货币政策。目前先后有多个国家或地区分时期多阶段实行了负利率货币政策，如丹麦、欧元区、瑞典、瑞士、日本、挪威、匈牙利、保加利亚、波黑等，彭博数据显示截至2019年年末，采取“负利率”政策的国家和地区的经济总量已超过全球经济的30%。

负利率货币政策在欧洲国家运用最多、最广泛。早在1972年的瑞士和2009年的瑞典已经践行过负储蓄利率，2014年中期后一些经济体集中性地实施负利率，丹麦是实行负利率货币政策时间最长的国家。负利率货币政策可以降低多个市场的利率，如外汇市场、同业拆借市场以及货币与资本市场，旨在使整个期限内资产的风险结构下降，从而平抑投资波动、抵御通货紧缩、提升经济增速、稳定汇率等。由于各经济体经济发展环境与央行货币政策工具、货币政策目标不一样，因此实施负利率货币政策的作用动机、作用目标与作用手段也不一致。尽管实施负利率货币政策的国家普遍面临经济增速下滑、投资回报率下降、短期资本快速流出流入的共同经济状态，但这些因素对各国维持政策目标的影响轻重不同。对欧盟、日本来说应对债务危机、恢复经济的需求更迫切，对瑞典、丹麦、瑞士来说避免短期资金快速流入影响汇率稳定的需求更为迫切。表2－1总结了实施负利率货币政策国家的政策目标与政策工具。

除了实行负利率货币政策，各国央行还频繁使用其他非常规货币政策手段来辅助实现政策目标。如同期欧洲央行除了将存款工具利率降低为零以下外，还推出大规模资产购买计划，包括政府债券、资产担保证券、长期再融资业务等来促进实现欧央行的通胀目标。日本央行也大幅提高其资产购买计划，通过购买期限较长的债券来扩充央行资产负债表，努力实现日本央行的通胀目标。瑞典央行购买政府债券比例超过欧洲央行，丹麦央行和瑞士央行也都实行过大额资产购买计划。

表 2－1　　典型国家实施负利率货币政策的时间表

中央银行	实施时间	实施措施	实施目标
欧洲央行	2014.6	隔夜存款利率分两次降低为－0.1%和－0.2%	通货膨胀
瑞士央行	1972	对增加的非居民存款每个月收取2%的罚款，随后增加到1973年的3%，直到1978年的10%	汇率稳定
	2014.9	3个月同业拆借利率降低为－1.25%，储蓄利率降低为－0.75%	
瑞典央行	2009.7—2010.9	储蓄利率降低为－0.25%	通货膨胀
	2014.7	储蓄利率降低为－0.5%	
	2015.2	7天逆回购利率降低为－0.1%，并随后降低为－0.35%，随之储蓄利率降低为－1.1%	
丹麦央行	2012.7—2014.4	隔夜存款利率降低为－0.2%	汇率稳定
	2014.9	隔夜存款利率降低为－0.75%	汇率稳定
日本央行	2016.2	超额存款准备金利率为－0.1%	通货膨胀

资料来源：各国央行、作者整理。

负利率货币政策由于衡量其政策效果的复杂性与实施的现实条件制约，因此除了特定时限被一些国家采用之外并没有得以大规模运用，但2020年新冠肺炎疫情以来，全球经济普遍下滑，因此总量型货币政策尤其是负利率货币政策被相当多的国家提上日程。2020年3月美国两次降低基准利率为零，5月挪威央行降息至零，同月英国发行票面利率为负的3年期国债，日本央行宣布维持基准利率为－0.1%，7月德国央行以票面利率为零发行了5年期国债。金融信息公司Refinitiv数据调查显示，全球62个国家截至6月中旬中长期国债特别是10年期国债收益率有48%的国家处于1%以下。低利率甚至负利率成为全球性的现象，由此可能引发系列风险隐患，如增加资产价格泡沫、助推机构风险资产配置、降低企业收益率进而降低其创新升级动力与能力、提供僵尸企业长期生存土壤等。尽管如此，在不得不实行低利率的现实环境下，各大央行试图通过扩大资产负债表、调整货币政策目标等方式来遏抑危机。

第二节　负利率货币政策的特征与操作逻辑

一、负利率货币政策的特征

1. 名义利率与实际利率之辨

利率反映资金价格，是经济社会生活中重要的价格工具，利率调控政策是央行实施货币政策重要的货币政策手段与工具。负利率货币政策的一个关键问题是名义利率和实际利率之间的区别。Fisher（1982）首次区分名义利率与实际利率，指出名义利率是衡量债务人向债权人支付报酬的总利率，而实际利率是指债务人向债权人支付报酬的净利率，即减去未偿债务期间预期发生的通货膨胀。由于通货膨胀的普遍性与预期性，实际利率对增加消费和投资决策相当重要。名义利率与实际利率之间的关系表明，实际负利率不一定意味着名义利率为负。

名义利率为正，实际利率为负时，条件是“常规”的，即债务人仍向债权人支付正的总利息。因此，负利率货币政策创新在于政策的“名义”方面，即名义政策利率为负。此时，债权人需要向债务人支付利息，债务人从债务中获得利息。全球范围内多个经济体实施的名义利率为负是近几年的新现象。鉴于降低实际利率与提升总需求之间的正向影响关系，追求实际负利率是央行调控宏观经济的一项重要举措。其他条件相同的情况下，提振通胀预期是降低实际利率的一项重要措施，但由于政策措施的复杂性与实施效果的滞后性，提升通胀预期并非一蹴而就。因此，名义负利率不失为一种重要手段。

2. 负利率货币政策的内涵

货币政策框架包括货币政策的最终目标、中间目标和货币政策工具，货币政策工具服务于货币政策目标。经历 2008 年金融危机以来，主权国家形成综合型的货币政策最终目标，包括保持货币稳定和保持金融稳定，但仍有一些国家将单一的保持货币稳定作为货币政策最终目标。保持货币稳定要求保持温和适度的通货膨胀水平来平抑通胀和通缩，保持金融稳定要求平滑市场流动性以保持金融体系平稳运行、预防金融体系崩溃。货币政策最终目标侧重点不同决定了货币政策工具的使用对象与使用频率不同。利率工具是实现货币政策保持货币稳定最终目标的重要价格型货币政策工具。利率工具体系多样，包括政策利率、市场利率等，以“零利率下限”与“流动性陷阱”理论为基础的常规利率工具利率一般为正，而负利率货币政策工具是名义利率为负的创新型货币政策工具。

二、负利率货币政策的现实条件与理论基础

每种非常规货币政策工具都有其固有的局限性，这就注定了非常规货币政策工具使用的非排他性与外部性，故货币政策工具使用具有非唯一性与适用性限制等特点。负利率货币政策工具是继量化宽松货币政策工具与前瞻性指引货币政策工具之后采用的又一非常规货币政策工具，负利率货币政策工具的实施有其现实条件与理论基础。

1. 负利率货币政策的现实条件

一方面，2008 年金融危机后，为了增强经济复苏能力，多个国家实行了量化宽松、前瞻性指引等非常规货币政策，如欧央行推出的直接在债券市场买卖成员国政府债券的证券市场计划和直接货币交易计划、超长期再融资操作、担保债券购买计划等；日本央行推出的资产回购业务、政府债券资产购买业务等，相关政策手段的出台使得市场流动性剧增。但限于全球长期利率持续走低和债务水平高企的市场环境，加之市场不稳定情绪蔓延，金融机构并没有积极地进行资产配置，故资金又回流到央行，以至在危机后期出现信贷紧缩、宽货币与宽信用扭曲、货币政策传导受阻等问题，经济面临通缩风险。负利率货币政策的推出能进一步放宽货币政策，增强市场信心，有助于解决央行资产负债表膨胀、流动性淤积等系列政策副作用。系列研究均表明了这种观点，Hall（2013）认为实行负利率货币政策是为了应对产出需求不足情况下的通货紧缩。Constancio（2016）指出负利率货币政策实施时期，全球资产追逐安全性的金融交易资产，从而资

金出现明显的转移，这种一致性的流动性反映出经济发展的低迷。另一方面，其他非常规货币政策工具并未解决危机后的“高失业、低通胀与经济增速迟缓”并存的难题，流动性陷阱与零利率约束的存在使得宽松货币政策效果不尽如人意，负利率货币政策能降低市场参与者的预期收益率从而有助于减轻货币升值压力，故而能吸引投资、稳定汇率、提升通胀预期，最终提振经济（Thwaites，2015；Sajedi 和 Thwaites，2016）。此外，相较日本、英国等其他国家，欧元区的负利率货币政策运用最为频繁是受限于欧元区特殊的联盟制度。欧元区由于欧盟成员国之间经济制度的巨大差异，财政政策的转移支付和再分配极易引起利益冲突，加之《马斯特里赫特条约》限制了成员国的财政赤字扩张空间，从而财政一体化难以实现，财政政策运用受限。故货币政策成为欧元区在超国家主权层面的主要政策工具，从而货币政策创新手段之多、力度之强也是基于货币政策需要承担更多的职能这一出发点。

2. 负利率货币政策的理论基础

涉及负利率货币政策实施的理论基础包括“零利率下限”与“流动性陷阱”理论。Fisher（1982）最早提出零利率下限约束（Zero Lower Bound，ZLB）理论，该理论的核心观点认为当利率为负时，意味着债权人借出货币反而会给债务人支付利息，因此没有人会出借货币，货币被出借人无限持有，此时投资下降、产出减少、失业增加，经济发展受抑制，即名义利率以零为下限。Keynes（1936）首次提出流动性陷阱理论，该理论核心观点认为在满足两个基本假设：现金资产与其他所有资产能完全替代和资产收益率的利率弹性足够敏感的前提下，利率降低得足够低时，金融资产与现金收益相当，进一步降低利率并不能拉动投资带动经济增长，因此货币政策的利率操作将陷入“流动性陷阱”。相当多学者研究指出“零利率下限”和“流动性陷阱”会使得央行不能用下调短期名义利率等传统的货币政策来刺激经济，下调实际利率与保持实际低利率都将会变得无比困难，且货币政策与收益率曲线之间的相互作用会变得非常复杂，从而经济变量间的传导效果被放大，经济波动加剧（Bodenstein 等，2010；Baurle

和 Kaufmann，2014；靳玉英和张志栋，2010；潘成夫和刘刚，2012）。至此，能有效达到增加货币供应量的广义量化宽松货币政策、负利率货币政策等非传统货币政策手段被广泛运用（Clarida，2012）。

现实中存在“负利率”的政策条件主要是基于以下两方面的事实，一方面是金融机构对非现金资产配置的刚性需求与个人现金资产的黏性特征决定了现金资产与其他资产的不完全替代性，因此经济不会必然陷入“流动性陷阱”；另一方面是持有现金存在各种相关成本，包括运输、储存与保管成本等，因此当利率下降足够低时并不必然存在货币被出借人无限持有的现象。Buiter（2009）指出商业银行从央行借款利率会高于在央行存款的利率，因此在货币利率为零的情况下，由无套利定价原理可知，综合比较央行借款、存款、货币成本、资产收益等因素，短期资产利率可能为负，即政策利率仍存在向下调整的空间。这就决定了名义利率在一定边界内可以打破零利率下限约束，能拓宽货币政策的操作空间，有利于经济的恢复（Goodfriend，2016）。

尽管名义利率为负可操作，但基于无套利原则，负利率货币政策存在一定的效用边界。负利率效用边界即利率下限存在“理论物理下限”与“经济下限”。理性经济人假设认为借贷双方以成本为唯一衡量标准，McAndrews 等（2015）指出负利率的“理论物理下限”由持有现金的成本决定，而现金的储藏、运输等成本受使用偏好、制度等因素影响，因而不同经济体可实施的负利率货币政策空间不同。当借贷双方之间存在非完全市场理性经济人关系时，利率下限由双方博弈产生，甚至可能突破理性经济人行为产生的负利率下限约束。Brunnermeier 和 Koby（2016）指出“经济下限”由“流动性陷阱”的利率水平决定，临界利率点取决于银行信贷的利率敏感性。巴曙松（2016）则认为，如果存款机构具有转嫁税负的能力，理论上负利率的下限可以更低。

三、负利率货币政策的操作逻辑与必要性

1. 负利率货币政策的操作逻辑

各国央行负利率货币政策的操作模式是根据利率管理体系选取名义利率为负的利率工具。因主权国家货币政策框架不同，负利率货币政策工具有一定的差异。对实行负利率货币政策最多的欧元区来说，其利率政策围绕利率走廊机制设定，包括利率走廊上限、利率走廊下限、利率走廊机制的锚定目标，负利率货币政策是指利率走廊下限跌破零利率以使得政策利率能降为负的政策空间。欧元区货币政策以存款便利利率为利率走廊下限，存款便利利率是欧洲中央银行向欧元区存款类金融机构存入的超过法定储备率要求的隔夜超额存款部分支付的利率，作用类同于中国人民银行货币政策的超额存款准备金利率。尽管利率走廊下限调整频率相对较少，但2008年金融危机后特别是2012年欧债危机爆发后，欧洲中央银行多次调整存款便利利率实行负利率货币政策。

与此同时，欧元区同业拆借利率这一利率走廊机制的锚定目标也相应下降，从而能实现负利率货币政策效果。Agarwal 和 Kimball（2015）指出负的商业银行超额存款准备金率实质是对记账功能货币实行负利率货币政策，能增加政策的灵活性和调控效果。源于法定存款准备金的冻结资金的特性与影响范围较广的特性，法定存款准备金制度作为一项货币政策工具其功能在商业银行参与市场竞争过程中逐渐演变和弱化，而超额存款准备金相对就比较灵活。超额存款准备金率的典型特征是：低成本、无风险，因此金融机构可以选择央行的超额存款准备金来进行资产配置，而央行也可以通过改变超额存款准备金利率来影响市场资金池，从而影响市场流动性。此外，在金融危机后实行量化宽松等非常规货币政策，导致市场流动性过剩，并使得货币政策传导效果下降，相对其他基准利率的传导链条过长，央行调节超额存款准备金率既可以直接降低央行的持币成本，又可以直接影响商业银行信贷利率和银行间市场利率，从而增加了央行对货币市场利率的调控力度。这就决定了超额存款准备金率与经常性融资便利等灵

活的融资工具一起成为央行实行负利率货币政策的基本选择。

其他方式为直接将基准政策利率或者政策目标利率降低为负值，但该种方式较少被采用（Gray，2011）。作为最早实行量化宽松货币政策并实行过负利率货币政策的日本央行而言，实行过对中央银行再贷款利率工具实行负利率。如对长期定向再贷款近乎实行零利率以对基础领域进行信贷支持，对分级的超额存款准备金利率实行阶梯低利率或负利率以降低金融机构超额存款准备金持有激励，激励金融机构将释放的基础货币注入实体经济。

2. 实施负利率货币政策必要性的争辩

尽管负利率货币政策成立初衷具有明确的指向性与目的性，但对实施负利率货币政策的必要性与否却有不同的争论。早在 19 世纪初对此就有初步的辩论，商人西尔维奥·格塞尔（Silvio Gesell）最早提出负利率观点，他认为负利率实际是一种货币持有税，即征收货币税可以增加货币的携带费用从而减少货币囤积行为，从而使得货币的流通速度和有效需求维持不变，有利于货币当局控制货币供应量来维持价格稳定。20 世纪后 Silvio Gesell 的支持者欧文·费舍尔（Irving Fisher）和约翰·梅纳德·凯恩斯（John Maynard Keynes）认为对货币征税可以恢复经济增长（Keynes，1936）。早期货币中性论和货币税能提升效率说（Kiyotaki 和 Wright，1989）被当成对负利率货币政策的支持理由，但随着第二次世界大战后相当长时间经济平稳发展，负利率货币政策受到抨击并被遗忘（Garvy，1975），包括凯恩斯在内的主流经济学家都对负利率货币政策持有不同意见，凯恩斯认识到格塞尔未能理解不确定性在决定流动性偏好以及利率方面的作用，理论的缺陷决定了负利率货币政策的缺陷（Ilgmann 和 Menner，2011）。

对负利率货币政策持反对意见的一大观点从利率决定本身来考虑，其认为负名义利率货币政策与负实际利率货币政策无差异，且负名义利率会增加法律风险。Goodfriend（2000）指出负名义利率天然存在于实际利率与自然利率的动态调整过程中。由于自然利率决定着经济潜在的产出水平，实际利率高于自然利率时会阻碍经济发展；实际利率低于自然利率时会促进经济发展。在通货膨胀率与自然利率稳定的状态下，名义利率与实际利率维持稳定的变化趋势，负名义利率与负实际利率并没有实质的区别。Mersch（2016）指出基于《欧洲中央银行法》对货币政策工具选择的三性原则——“合理性、合适性与必要性”考虑，名义利率为负会增加金融产品交易的法律风险，如何向债权人收取利息、如何调整合同语言等都将面临挑战，并会增加央行公告等的解释成本。

其他争论观点则围绕负利率货币政策的效果展开，尽管负利率货币政策有其存在的现实条件，特别是在2008年金融危机后，常规货币政策效果减弱，负利率货币政策作为一项非常规货币政策在一些国家重新被启用，但负利率会造成挤压银行利润、限制养老金和保险基金等投资运作从而放大风险、利率信号效应不可预估，由此产生央行实现政策目标复杂化、负利率退出制度复杂等负面影响，对负利率货币政策效果评判莫衷一是，这也是美国等货币政策工具充足的国家采用负利率货币政策的顾虑。实施负利率货币政策需要系列市场制度的配合，包括创新债务工具、金融机构经营范围许可、设计利息计算和支付系统、债券评估与转让等。因此，实施负利率货币政策与否必然要考虑货币政策空间、金融市场发展水平、金融机构接受程度等现实条件后政策成本与收益的平衡。

第三节　负利率货币政策的作用机制与效果

一、负利率货币政策的作用机制

非常规货币政策与常规货币政策最大不同在于其作用的政策目标不同从而选择的货币政策操作工具不同。在经济发展出现结构性矛盾的情况下，非常规货币政策能作为传统货币政策的有效补充，贡献其在调节经济不平衡发展方面的边际效应。因此，非常规货币政策的传导机制会更加侧重于“结构优化”理念，传导渠道同样包含货币渠道和信用渠道两大渠道。货币渠道又包括利率渠道、资产价格渠道、居民财富渠道与汇率渠道，信用渠道又包括银行贷款渠道、资产负债表渠道。因此，负利率货币政策这一非常规货币政策作用机制是选择对应的利率工具通过传导渠道来发挥结构优化的作用。负利率货币政策的传导渠道具有多渠道属性，包括利率渠道、银行贷款渠道、资产负债表渠道等。负利率货币政策通过打破市场对零利率下限的预期，能引导市场真实利率下降，投资边际效率不变的情况下低利率能促进投资，并通过货币乘数效应带来总产出的增加（Mishkin，2009）；负利率货币政策能迫使商业银行调整资产负债结构、减少超额存款准备金、增加风险资产配置从而扩张信用；负利率货币政策还能降低政府和企业的筹资成本，从而改善企业的资产负债表，提高借款人的融资能力，提高通胀预期、增加产出。

目前已经实施负利率货币政策的中央银行期望负利率货币政策能促使商业银行减少在中央银行账户中的留存资金，扩大贷款；企业投资成本下降从而增加投资；居民储蓄变为负收益后能改变居民的储蓄意愿、增加消费等。但负利率货币政策的操作局限于央行降低商业银行的超额存款准备金率，故商业银行会被迫接受低存款利率，从而负利率会降低商业银行的综合净息差、侵蚀商业银行的盈利空间，造成商业银行缩表和惜贷，使得银行贷款渠道这一重要的货币政策传导效率下降，负利率货币政策的真实政策效果值得商榷。

二、负利率货币政策的作用效果

任何货币政策工具都是服务于货币政策目标的，负利率货币政策的效果判定主要取决于对通货膨胀、金融稳定等的影响。由于对货币政策工具影响最终目标的效果较难判定，因此负利率货币政策实施过程中传导渠道效率、关联效应等成为判断货币政策最终目标能否实现的重要决定因素。鉴于在实施负利率货币政策的过程中，同时又会实行量化宽松、前瞻性指引等其他非常规货币政策，因此对负利率货币政策真实效果的评价不一致。

1. 负利率货币政策的积极影响

负利率货币政策积极影响的直接表现是能改善利率期限结构，推动短期与中长期债券利率和存贷款利率的下行，从而拉动投资促进经济增长。部分学者研究论述了这种正面影响效应。García - Herrero（2016）认为日本的负利率货币政策能显著增加银行的海外资产投资规模，Fukuda（2018）认为量化宽松政策带来的流动性剩余问题能通过负利率货币政策来解决，从而有助于商业银行扩大信贷，并利用日本实行负利率货币政策时期的数据验证了负利率货币政策的溢出效应，证实了负利率的经济增长效应，Giovanni 等（2018）认为负利率货币政策能降低收益率曲线的远期利率，提高资产价格并稳定汇率，对经济增长有一定的积极影响。国内学者巴曙松等（2016）认为在欧元区实行负利率货币政策会降低中长期利率并刺激投资者配置高风险资产。丁玉（2017）通过观察欧元区实际 GDP 增长率、调和 CPI、信贷等在政策前后的变化，认为负利率货币政策在短期能刺激通货膨胀率、提高企业信贷规模，但这种作用较小。

负利率货币政策积极影响的间接表现是负利率货币政策能影响金融中介的风险偏好，改变金融中介的资产配置行为，从而有利于经济增长。Altunbas 等（2014）指出负利率引起短期利率下降，银行的风险水平显著提升。Coeuré（2016）指出负利率能降低商业银行的负债成本则借贷资金利率降低，资金变得便宜。Heider 等（2017）论述尽管商业银行储蓄率一般与政策利率相吻合，但当政策利率降为负时，商业银行出于维护存款客户需求并不会大幅度降低存款利率，出于盈利空间收缩压力，商业银行会更偏向于风险投资。Kimball（2015）认为负利率货币政策会通过降低贷款利率而导致银行利息收入的减少，从而会提升商业银行的风险偏好，即会增大信贷行为，Demiralp 等（2017）同样指出负利率能增加商业和私人部门信贷。

2. 负利率货币政策的局限性

负利率货币政策存在固有的局限性，低于经济增长率的利率会天生带来“理性的资产价格泡沫”，鼓励投机从而增加金融体系的脆弱性（Russell 和 Thaler，1985）。负利率偏离自然均衡利率的自我实现会导致更低的利率，从而会扭曲资金价格、增加债务、提高摩擦成本等，并对经济造成严重的负面影响（Mersch，2016）。Neri 和 Notarpietro（2015）认为债务引起的通缩会和零利率约束相互作用产生放大机制，从而加剧不利冲击对经济产生的通货紧缩效应，Kurowski 和 Rogowicz（2017）指出负利率货币政策会显著增加系统性金融风险，会威胁国家的金融稳定。乔海曙和陈志强（2009）同样重点研究了负利率货币政策对房地产市场需求、价格和供给的三方面影响，指出负利率货币政策会导致房地产市场的成本约束失效，从而激化财富受益效应，并强化房价上涨预期。

负利率货币政策的另一个消极影响体现在货币政策传导方面。Carlos 等（2016）比较了负利率货币政策与传统货币政策两种传导渠道的异同，指出负利率货币政策下货币政策传导渠道更为复杂，反而会降低货币政策效果。在信贷渠道传导方面，一般来说，利率减少为负时，要提高商业银行的利息差将会变得特别困难，故盈利减少则商业银行补充资本的能力也会下降，最终影响其投资活动的积极性。Claessens 等（2016）认为负利率货币政策会降低长期利率，因此期限溢价下降，对商业银行来说资产收益降幅大于有黏性的负债成本降幅，商业银行净息差收窄，盈利受影响进而会弱化商业银行放贷积极性。Molyneux 等（2019）利用 2012—2016 年 33 个 OECD 国家 6558 家银行数据验证了负利率货币政策会弱化银行的信贷活动，特别是对小型、依赖零售储蓄业务、低资本的商业银行具有更为明显的抑制作用。熊启跃和王书朦（2020）认为负利率环境下商业银行对利率下调的敏感性明显增强，从而会降低商业银行利息差，尤其以利息收入、零售业务为主的商业银行表现最明显，从而造成商业银行体系的资金冗余，不利于货币政策传导；在利率渠道传导方面，由于负利率偏离自然均衡利率，同时负利率存在“理论下限”与“经济下限”，因此市场会形成政策利率远期升水的预期，故长期利率对短期利率下降的敏感度将显著降低（Ruge - Murcia，2006；Swanson 和 Williams，2014）。马理等（2018）基于欧元区主要国家 2003 年 1 月至 2015 年 12 月的数据，实证检验欧洲央行货币政策的实施效果，并指出欧洲央行调整名义利率的货币政策效果传导到实际利率环节有大幅度衰减，因此负利率货币政策对欧元区经济复苏与发展的作用偏弱。

3. 负利率货币政策影响的复杂性

当前对负利率有效性的研究证据混杂，也有部分学者认为负利率货币政策的政策效果不确定。Honda 和 Inoue（2019）研究日本的负利率货币政策后指出在负利率货币政策实施期间，长期利率降低、资本市场繁荣，但同时出现日元贬值、资本快速和大规模流出的现象，因此很难判断负利率货币政策的好坏。周莉萍（2017）总结了负利率货币政策效果，认为负利率货币政策在全球产生了外溢效应，对固收产品收益率、商业银行利差等都产生了负面影响，但又会提高商业银行信贷、提升通胀预期等，总体来看效果不明确。黄益平等（2020）认为负利率政策主要出现在欧洲和日本，既有助于提振需求，但也可能扭曲资金配置和加剧金融体系的脆弱性，需要考虑负利率实施程度问题。

负利率货币政策能促进货币的贬值，从而防止汇率升值对本国的不利影响，因此一些国家利用负利率货币政策来维持汇率稳定。范志勇等（2017）在此基础上发现了负利率货币政策较易在金融市场层面进行传导，可以通过拉低市场利率以推动资产价格的上升，进而导致本币贬值。但一些学者研究指出负利率货币政策并不会实现汇率稳定的政策目标。Hameed 和 Rose（2016）研究了 2010—2016 年五大经济体实施负利率货币政策的情形，发现负利率对稳定汇率几乎没有影响。

三、提高负利率货币政策效果

当前对提高负利率货币政策有效性的研究分为两大类：一类是致力于打破零利率下限，从而扩展负利率货币政策的操作空间；另一类是在负利率货币政策下通过协调其他货币政策工具、财政政策工具等政策制度手段来提高负利率货币政策的有效性。

理论界对如何打破零利率下限进行了系列探讨，典型的研究设想总结为三个方面（Buiter，2004；Buiter，2007；Buiter，2009）：一是 Gesell（1906）提出对货币征收货币税会抑制在利率降为零以下时的大量货币囤积行为，但这种税会自然遭抵制，可行性欠缺。二是提倡发行电子货币。Robert Eisler（1932）最早研究货币贬值的问题时提出纸币与电子货币的差异，指出电子货币可以转变货币的角色，从经济中心角色向外围角色转变，从而可以抑制经济衰退。Goodfriend（2000）、Buiter（2009）等提倡发行电子货币，认为废除纸币就能消除纸币的囤积行为，但 Matthew Yglesias（2011）、Ken Rogoff（2014）、Izabella Kaminska（2009，2013，2014）又认为由于主权货币的需求存在，因此该做法不可行。三是对货币的功能进行分离，并且引入新计价方式来实施名义负利率货币政策，即为电子货币和纸币设置一个动态调整的兑换比率（汇率），从而使得两者之间不存在套利机会。在存储和支取纸币两个环节设置不同的兑换比率（Agarwal，2015），在实施负利率货币政策时，使纸币相对于电子货币持续贬值。当前各经济体实践中仅是对商业银行存储在央行的超额存款准备金实行负利率，并未设置纸币相对电子货币的持续贬值机制。当前金融科技快速发展，发行电子货币、对货币功能分离正在变得越来越可行。

理论界对如何借助政策制度等手段提高负利率货币政策效果也进行了一些研究，包括实行其他货币政策工具，如央行前瞻性指引、平滑政策波动性强化预期管理、辅助财政政策等手段（Mccallum，2001；Eggertsson 和 Woodford，2003；Bernanke 和 Reinhart，2004；Woodford，2005）。Amano（2010）对零利率下限的形成机制进行了相关研究，并指出风险溢价冲击能让利率达到零下限，且金融冲击持久性会降低中性利率，故会缩小常规货币政策的实施界限，负利率货币政策会表现出一些正面效果。Christiano 等（2011）、Eggertsson（2011）、Correia 等（2013）均研究了经济趋向于流动性陷阱时采用政策手段的有效性，并指出综合使用减税降费等扩张性财政政策和负利率等积极的货币政策能帮助经济复苏。马理和娄田田（2015）利用含有零利率约束的 DSGE 模型，在零利率下限约束下讨论了货币政策和财政政策传导效果的差异，并指出零利率下限约束下非常规货币政策比常规货币政策更有效。杨光等（2017）同样利用零利率下限约束的DSGE模型，讨论最优货币政策规则是将逆周期监管的宏观审慎政策和货币政策有效搭配。未来，需要更进一步完善效果评估机制与方法以灵活有效地运用负利率货币政策。

第四节 中国未来货币政策面临的环境与应对之策

理论界研究与实践均表明实施负利率货币政策的影响效果比较复杂，因此各经济体对负利率货币政策的实施比较谨慎。中国目前尽管维持着正的名义利率，货币政策工具储备较为充足，但也面临资产收益率下滑、债务高企的市场环境，未来如何避免经济陷入流动性陷阱、扩大货币政策空间，保持与提高货币政策工具的有效性是货币政策操作面临的艰巨任务。

一、中国当前的货币政策环境

1. 中国的低资产收益率、高杠杆率的市场环境现实

发达经济体的利率水平表现与其经济增速大体相当，尽管2020年新冠肺炎疫情以来美联储已经多次降息并实行量化宽松货币政策，但美元依旧坚挺，显示出发达经济体消费信心指数的韧性。Wind数据显示，美国、日本、澳大利亚等国家近年来10年期国债利率与GDP增速走势几乎相同，但新兴经济体利率水平表现与经济增速并没有呈现出这种一致走势，巴西等国家利率水平表现明显高于经济增速，而中国的利率水平表现却远远低于经济增速。很大原因在于中国企业的资本回报率连续下降，从而使得边际资本回报率下降，带动利率水平下降。Wind数据显示，我国上市非金融企业ROE中位数处于连续下降的态势，从2010年的12.2%下降到2018年的5.7%。2020年疫情以来，在全球性货币政策宽松的背景下，中国人民银行动用“量价同行”的策略来引导市场利率下行，Wind数据显示，2020年4月，1年期Shibor首次跌至1.7%以下水平，10年期国债收益率下降至2016年以来的新低，低于2.7%的水平。加之利率两轨并轨、出口

下滑等因素增加经济发展不确定性，未来利率进入上升通道较为困难，中国未来持续低利率环境会导致出现投资品种过少、资产价格波动率上升、市场流动性受损的局面。

与此同时，中国的债务水平逐步上升。Wind 数据显示，截至 2019 年年末，中国整体债务水平达到 258.7%。国际清算银行（BIS）将债务水平分为三类：企业债务、政府债务和家庭债务。据中国债券信息网数据统计，截至 2019 年年底，中国政府债务率为 54.2%，企业债务率为 149.3%。家庭债务率为 55.2%。2009—2015 年，中国债务总额的年均增幅约为 20%，直到近几年才略有回落。另据国际货币基金组织在 2020 年 6 月发布报告预测，由于疫情加重经济发展疲态，2020 年全球将提高赤字率，预计将从 2019 年的 3.7% 提高到 9.9%。未来在外部宏观环境冲击和国内更为积极的财政政策支持下，中国整体的债务水平可能会进一步上升。高债务会弱化结构性货币政策刺激的边际效应，进一步压缩货币政策空间。

2. 全球货币政策的外溢性影响增加

货币政策溢出效应研究伴随着宏观经济学的发展过程，理论研究与经验研究从各种角度验证了货币政策溢出效应的存在性、传导机制的多渠道性和影响因素的多样性（Georgiadis，2015；Ho 等，2018；Alpanda 和 Kabaca，2019；Iacoviello 和 Navarro，2019；丁志国等，2012；楚尔鸣和王真，2018；杨子荣等，2018）。对货币政策溢出效应存在性的研究方面，现有研究表明在发达国家之间、发达国家与发展中国家、发展中国家与发展中国家等国别之间都存在货币政策的溢出效应，且这种溢出效应对一国的经济增长、价格稳定等影响方向和影响大小一般不一致，研究一般认为发达经济体对新兴经济体的货币政策溢出效应较大。在溢出效应传导机制方面，目前研究认为货币政策能通过短期与长期利率、汇率、市场风险、贸易等多种渠道作用。在溢出效应影响因素方面，目前研究认为贸易依存度、金融开放程度、产业结构、汇率制度等多种影响两国之间协同发展的因素都可能会影响货币政策的溢出效应。货币政策溢出效应多样性的表现决定了一国制定货币政策时需要谨慎关注世界周边的货币政策。

负利率货币政策的溢出效应存在以上方面的特征，其突出表现在能带动国别之间货币政策的一体化。在欧洲央行实施负利率货币政策后，欧洲其他非欧元区央行相继采用负利率货币政策，尽管这是小型经济体为避免遭受冲击的理性选择，但这种路径依赖随着金融危机、经济衰退、经济体间经济发展高度一体化程度而愈发增强。2020 年新冠肺炎疫情以来，美国、英国、日本等主要经济体国家相继采取量化宽松货币政策，利息接近降息极限，同时支持政府提高发债力度的“现代货币理论”的采用意味着未来金融脆弱性会进一步增强。这就决定了中国未来货币政策制定的复杂性，更需要考虑货币政策溢出效应的负面影响，以及规避货币政策路径依赖产生的系统性风险累积。

3. 经济发展不平衡，金融市场依然存在结构性矛盾问题

由于市场分割、财政分权、资源限制等因素使得中国经济发展呈现出不平衡性，Wind 数据显示，对地区而言，最发达的城市与最不发达的城市 GDP 差距能达到 10 倍之多；截至 2019 年年底，GDP 构成中第一产业占比为 7.1%，第二产业占比为 38.9%，第三产业占比为 53.9%，产业之间发展不均衡。三大产业中制造业行业产值居世界前列，尤其以水泥、钢铁、汽车等工业品为主；对工业行业而言，行业间和行业内部发展不平衡，近 10 年来小型企业平均资产增长率最快，大型企业平均资产增长率最低。行业增长率差异较大，工业增加值增长率最快的酒饮料类行业比最慢的行业石油和天然气开采业高出近 75% 的增长率。2020 年疫情稳定以来，中国经济在二季度恢复增长，但经济活动复苏同样出现了不平衡性，主要表现为制造业复苏较快，服务业增长仍然乏力。国有部门的投资增长较快、私人投资仍略有下降。经济发展不平衡对货币政策调控工具提出了更高的要求。

对金融市场而言，整体流动性较为宽裕，但融资结构性错配现象依然存在。金融机构超额存款准备金率历年来一直处于 0.72% 的低位，2020 年 4 月央行更是将金融机构超额存款准备金率降低为 0.35% 来释放流动性。

短期银行间同业拆借加权利率（14天、3个月）尽管在2015年后有短暂的持续升高过程，但2018年后一直处于下行趋势，总体而言市场流动性较为宽松，但融资结构性错配问题依然存在。Wind数据显示，2011年以来金融机构发行金融债券数量持续增加，同业存单负债也持续增加，2016—2018年同业存单利率持续上升，2018年中期后同业存单利率走势呈现剧烈震荡波动，反映出银行中长期负债存在一定的稀缺性，最终造成市场资源配置的失衡。

4. 经济增长的不确定性增加

Wind数据显示中国GDP从2010年进入下行通道，与此同时，国家统计局数据显示中国劳动力人口在2017年后呈现负增长率，劳动力人口进入拐点。《中国统计年鉴》显示出生率数据自2017年开始下滑，2018年相对2017年降幅达到12%，低生育率、人口红利渐散会导致经济规模下降，反映经济发展效率的人均国内生产总值自2010年开始逐年下降。对内部经济来说，经济总量与经济效率持续下降；对外部经济来说，由于疫情在全球的演进尚未达到拐点，这会加重全球经济的衰退，进而压抑中国经济外需。中国未来的经济增长面临较大的不确定性。

二、中国未来的货币政策空间

货币政策空间大小取决于货币政策目标的完成程度与完成效果，因此货币政策空间大小表现为货币政策的经济增长总量应对空间、经济发展结构应对空间、政策目标与政策工具的匹配程度等。对一个具有可持续经济增长潜力与结构性矛盾日益缩小的经济体而言，不需要较多的逆周期调控工具来维持经济的稳定增长，也不需要频繁更改货币政策目标锚而减弱货币政策稳健性，充足的货币政策空间得以满足。

1. 坚韧的经济增长潜力决定了未来存在较大的货币政策空间

经济增长的可持续性决定着未来货币政策空间的广度和深度。对投资空间来说，2020年政府工作报告提出加强新型基础设施建设的部署，致力于将技术转化为生产效能，通过加大5G、数据中心、工业互联网等“新基建”建设，带动产业互联、信息消费、新业务形态等，因此会带来更多的投资空间。与欧美等发达经济体相比，中国未来利率水平可能会高于前者。对经济发展潜力来说，虽然目前中国的经济发展仍然处于城镇化水平较低、人均收入水平较低的阶段，但随着各种政策的出台与城市群的建立等支持手段与优良基础，未来发展潜力依然可期。2020 年政府工作报告提出要确保“积极的财政政策要更加积极有为”，财政政策面向提高逆周期调节力度、大力提质增效、增加减税降费力度、加大研发投入、调动和发挥市场主体积极性的方向转变。实践和经验表明财政政策具有很强的乘数效应与带动效应，积极的财政政策能为未来经济增长助航。与此同时，2019 年 12 月中央经济工作会议提出“要加大战略型、网络型基础设施建设……加强市政管网、城市停车场、冷链物流以及农村公路、信息、水利等项目建设。此项政策将保障与促进未来对城市群的建设力度。中国目前已经有过百个超过百万人口的城市，相当多城市群 GDP 超过国外部分发达经济体规模，城市群建设提速将带来更多的投资机会与经济增长动能。2020 年是脱贫攻坚决胜之年，预计 2030 年中国中产人口数将超过美国人口数总和，庞大的消费群体将共同构成支撑经济发展的基石。因此，未来较大的投资空间与经济发展潜力增强了货币政策的可执行性与可预期性，奠基了稳健型货币政策的基调，从而有助于提高货币政策效果，并进一步拓宽了货币政策空间。

2. 经济发展结构性矛盾缩减奠定了未来货币政策空间扩充的基础

央行货币发行的独立性与内生性、央行对流动性的合理引导是缓解经济发展结构性矛盾的理论与事实基础，也是保障货币政策空间充足的重要条件。近年来，央行资产负债表上的外汇占款不断下降，在外汇占款派生货币能力受限的情况下，央行不断开创新的货币发行渠道，包括使用 SLF/MLF/PSL/TMLF 等多种新型结构性货币政策工具来发行货币、完善存款准备金框架、疏通货币政策传导渠道等措施，由此提高了央行货币政策的独立性，并最终改善了市场融资环境、优化了信贷结构，缓解了经济发展的不平衡性。

结构性货币政策有利于提高资金使用效率、促进信贷资源流向更有需求、更有活力的重点领域，有助于达到更好的总量调控效果。2008 年经济危机以来，央行逐渐增加结构性货币政策工具的使用频率与范围。近年来，央行更是为降低市场融资利率、优化信贷结构作出了各种努力。《中国人民银行 2020 年第二季度货币政策执行报告》数据显示央行在 2020 年 4 月同时下调 1 年期和 5 年期贷款市场报价利率（LPR），分别下调 30 和 15 个基点至 3.85% 和 4.65%；6 月贷款加权平均利率为 5.06%，同比下降 0.6 个百分点。2020 年上半年，中国人民银行分三批次安排 3000 亿元专项再贷款，5000 亿元再贷款、再贴现额度，1 万亿元再贷款、再贴现额度共计 1.8 万亿元来优化信贷结构，支持抗疫保供、复工复产和中小微企业等实体经济发展。6 月末，普惠小微贷款余额 13.5 万亿元，同比增长 26.5%。“精准”与“直达性”货币政策是否可持续是决定未来货币政策空间大小的重要支撑。

3. 充足的货币政策工具保障货币政策具备一定的政策空间

“丁伯根法则”强调政策工具比政策目标多是保障货币政策效果的必要条件。现行货币政策工具较为充足，主要表现在以下几个方面：一是利率区间合理，流动性调节工具充足。针对金融机构期限较短的流动性需求和期限较长的大额流动性需求央行都有相对应的货币政策工具，如创设于 2013 年年初的常备借贷便利属于短期利率，主要面向对象为区域性法人。此类利率工具特点是可以由金融机构根据自身流动性需求主动发起、能与央行进行直接点对点的交易、交易对手覆盖面广。二是中长期利率引导货币政策工具充足。如创设于 2014 年 9 月的中期借贷便利利率，主要面向对象为符合宏观审慎监管要求的政策性银行、商业银行。此类利率工具特点是需要提供国债、国开行及政策性金融债、高等级公司信用债等高质量的质押品，且以招标方式确定利率，交易对象范围较广操作较为频繁故对市场利率引导作用较强，因此中期借贷便利成为央行进行扭曲操作的常用工具。特别是 2018 年 6 月 1 日，中国人民银行宣布将适当扩大中期借贷便利担保品范围，进一步引导货币信贷和社会整体的融资规模平稳适度增长。

三是直接面向实体经济的货币政策工具充足。在货币供应量增速高于 GDP 增速的经济新常态发展阶段，提高货币政策的精准性和针对性是提高货币政策传导效率的有力手段。特别是为了应对 2020 年以来的疫情对经济的影响，央行等部门出台了延期还本付息和信用贷款支持政策，并创设了与这两项政策相对应的货币政策工具——普惠小微企业贷款延期支持工具和普惠小微企业信用贷款支持计划。这种短期的货币政策安排比较灵活，以降低金融机构的负债成本来提高信贷的支持力度与对象。当前中国银行业平均拨备覆盖率超过 180%，因此中国银行业风险抵补能力较强，在经济波动性与不确定性较大时期，保障风险在可控范围内，创新货币政策工具能承担实施精准信贷投放的任务。四是发挥前瞻性指引的货币政策工具充足。如正式官方定义始于 2018 年年末的定向中期借贷便利利率，主要面向对象为小微、民营企业。此类利率工具特点为受限于资金运用限定对利率的引导作用不明显，主要是起着信贷政策导向的作用；创设于 2014 年 4 月的抵押补充贷款利率，主要面向对象为政策性银行，最初用于棚改项目等特定用途项目。此类利率对市场利率的影响不具有参考价值；再贷款利率又名“信贷政策支持再贷款”，利率本身不具备任何调节和引导作用，主要作用在于对贷款利率制定一个优惠基准，即为了降低企业融资成本，央行给再贷款银行的优惠利率加成方式。目前，央行开办的再贷款类型主要是信贷政策支持再贷款，具体包括扶贫再贷款、支小再贷款、支农再贷款三大类。五是货币政策工具创新合理与适度。随着利率市场化改革的逐步深入，利率体系“两轨并一轨”，创设新的贷款市场报价利率（LPR）实现政策利率、信贷利率和市场利率之间的互通，对降低实体经济融资成本起到重大的推动作用。

三、中国未来货币政策的应对之策

实施负利率货币政策国家普遍面临常规货币政策调控效力不够、长期资本回报率偏低、经济增长乏力、汇率短期波动异常的普遍特征，但同样具有这些普遍特征的国家并不都实行负利率货币政策。基于负利率货币政策的现实局限性，实施负利率货币政策的国家普遍实施量化宽松等其他非常规货币政策以提高货币政策效果，可以推测负利率货币政策更多是一种试验性质的货币政策。目前中国货币政策操作空间充足、名义利率为正，经济增长依然潜力巨大，但却面临内部经济发展不平衡与外部货币政策溢出效应愈发显著的内外冲突，如何避免落入"流动性陷阱"、提高资本回报率、避免外部负利率环境的负溢出效应并实现货币政策最终目标是未来货币政策操作需要重点考虑的内容。

1. 完善适应经济发展新形势的货币政策调控体系

理论界和实践均认为目前中国的货币政策传导渠道以信贷渠道为主，因此要发挥利率政策的调控作用就需要健全价格型货币政策调控体系，这需要大方向上坚持利率市场化改革、拓展融资渠道、完善和发展资本市场、改善金融监管等（何德旭和余晶晶，2019）。由于负利率大概率来自市场预期，因此健全价格型货币政策调控体系小方向上需要研究合适的利率模型以构建利率规则来权衡价格稳定和产出增长之间的长期关系、政策利率与自然利率之间的浮动关系以增加货币政策目标锚的锚定作用。同时，平滑利率的短期波动以有效引导和稳定公众预期、强化前瞻性指引的作用。

2. 重视与财政政策之间的配合，提高货币政策效率

对实施负利率货币政策的央行来说，在财政政策实施有限的情况下，负利率与其他非常规货币政策的搭配组合是一种非常时期的非常选择。实施负利率货币政策主要考虑信贷机构的收益率问题、资产价格泡沫问题、短期资本快速流入的问题等。鉴于目前中国的财政政策和货币政策操作空间充足但政策搭配利用不足的国情，积极的财政政策搭配稳健的货币政策是一种占优政策组合。既能节省债务成本给予经济刺激和活力，又能赋予货币政策结构性和财政化的特征，提高货币政策传导效率，严防资产价格泡沫风险。在当前严控宏观杠杆率的情况下，债务问题并不会引起大规模债务危机，积极的财政政策对总需求产生的投资乘数效应会助长货币政策的总量调控效应。尤其是在逆周期调节中，财政政策货币化特征与货币政

策财政化特征能实现定向扶持、精准操作，政策调控效果突出。

3. 加快数字货币建设，增加货币政策操作空间

目前财政赤字率从2015年突破3.45%，并一直维持在国际赤字率3%为高赤字率的通用标准以上，在目前减税降费的财政政策发力的情况下，赤字率约束了财政政策空间。另外，低利率水平约束了货币政策空间，如何增加货币政策操作空间是未来创新货币政策工具、转变价格型货币政策调控方式的基础条件。零利率下限约束理论提出，发行数字货币能节约现金印刷成本、运钞成本、管理成本等，因此可以打破零利率下限约束，增加货币政策操作空间。同时，数字货币能追溯资金流向、监控资金运用、防止洗钱等违规行为。目前央行数字货币先后在深圳、苏州、雄安新区、成都及未来的冬奥场景进行内部封闭试点测试。随着区块链等技术的进一步开发与运用，未来数字货币可能会全面代替纸币流通。

因此，在国际政治动荡、全球经济形势越来越扑朔迷离、国外大部分经济体实行负利率货币政策的形势下，中国央行应谨慎对待负利率货币政策、防范负外溢性、改善货币政策决策机制与调控体系、保持货币政策的独立与内外平衡性。

4. 注重央行间沟通和协调，完善和创新结构性货币政策工具

在资本流动混乱无序、贸易渠道复杂、国际博弈越发突出的情况下，外部经济体普遍实行的负利率货币政策更可能加剧经济领域的复杂局面，因此有必要加强不同国别央行间沟通和协调机制。尤其需要关注低资产收益率市场环境下，外部经济体货币政策转变及货币政策溢出效应对本国经济带来的超预期影响，对外部经济体货币政策的影响应该进行动态审慎评估，加强货币政策逆周期调节作用。同时应该注重前瞻性指引等货币政策的运用，减少信息不对称以利于引导公众预期。此外为防范系统性风险，还应创新和灵活运用结构性货币政策工具来重点防范和化解地方债务、影子银行、资本流动等环节的风险。

第三章　新发展格局下货币政策目标与名义锚的变化

本章以解决问题“新发展格局下货币政策最终目标有什么变化？货币政策最终目标实现的策略是否符合当前经济发展形势？”为出发点，系统分析了新发展格局下，货币政策最终目标的选择、侧重点与锚点的变化特点，并对调整货币政策最终目标以实现货币政策与经济发展协调一致的原则提出了政策建议。

第一节　新发展格局下货币政策环境变化

新发展格局理论是在经济全球化退潮和全球产业链调整的背景下诞生的，而科技创新对推动全球产业链调整起着不可忽视的作用，金融与科技融合的新形态“金融科技（Fintech）”同样成为全球产业链调整结构的重要推手。金融科技发展下货币政策环境如何变化，对货币政策框架改变有何影响值得深入研究。

一、金融科技颠覆了传统的金融模式

1912 年 Schumpeter 在《经济发展理论》一书中最早提出了以创新为基础的金融理论，他认为创新是实现经济增长的内生源泉。此后随着世界科技革命的兴起，知识经济使得科技创新得到空前发展，并由此衍生出系列科技创新理论，包括熊彼特技术创新理论、新古典学派、新熊彼特学派、制度创新学派等系列理论。科技创新由于其固有的高投入与长期性、高风

险与收益不确定性、正外部性与公共物品性等特点使得科技转化成为一个长期的过程，而金融在跨空间与跨时间上的资源配置功能在解决风险与收益匹配程度上的天然优势成为科技创新发展的重要驱动要素。金融与科技的相互融合带来了资本的成倍增长与科技创新的巨大进步，并最终形成一种新的耦合关系，即淡化了金融与科技边界的金融科技这一新形态。

金融稳定委员会于 2016 年 3 月发布系列报告详细定义金融科技概念，指出从经济功能的视角可以将金融科技创新归纳为五大类，即以移动支付和数字货币为代表的支付结算类、以 P2P 融资和众筹融资为代表的存贷款与资本筹集类、以 P2P 保险为代表的保险类、以智能投顾为代表的投资管理类以及以分布式账本和大数据计算为代表的市场设施类。金融科技对传统金融模式的影响是颠覆式的。主要表现在以下几个方面：

第一，金融科技改变了金融资源的供给模式与需求特点，并能形成集群效应，使得金融资源配置更为高效。一方面，金融科技采集大量数据并整合数字化信息，利用大数据分析客户偏好需求等，提供定制化的金融产品。另一方面，金融科技能利用庞大的资产负债表来拓展金融板块，从而实现产品的规模化发展。北京大学数字金融中心编制的“北京大学数字普惠金融指数”，通过追踪支付宝 2011—2018 年数据的变化发现，代表移动支付覆盖率的广度指数跨越了传统的“黑河—腾冲线”，8 年来东西部移动支付覆盖率的差异下降了 15%。中西部差异在金融科技发展下逐步缩小。国家信息中心数字中国研究院发布报告指出 2015 年数字中国指数全国平均值为 68.83，2016 年为 69.72，2017 年达到 70.92，金融科技发展水平整体较高，2017 年数字中国发展指数在中国东部地区、中部地区、西部地区和东北地区差异最大仅为 8%，地区差异较小，金融科技缩小了地区发展的差异。

第二，金融科技有利于信用环境的再造，从而缓解中小企业融资难与融资贵的现象。通过物联网、区块链、人工智能等的融合，在贷款监督与贷后管理过程中金融科技能发挥相当大的作用，从而再造风控环境与信用环境，提高了中小企业的融资效率。据浙江大学互联网金融研究院联合浙江互联网金融联合会/联盟编制的金融科技中心指数数据显示，截至 2018 年 9 月，全国金融科技应用率平均值达到 74.7%，国内大中型商业银行普遍与互联网企业签署战略合作协议，中小型商业银行也纷纷利用金融科技来创新产品与服务以提高服务效率。且微众银行与网商银行累计发放贷款总额占据 8 家互联网银行的 90% 以上，降低了中小企业融资难与融资贵的现象。

第三，金融科技提高了金融服务的普惠性。金融科技能降低服务成本，对传统金融难以触及的长尾人群与小微企业能提供资金支持，具有普惠性。据 2018 年 8 月中国社会科学研究院金融研究所、宜信宜人贷和国家金融与发展实验室联合发布的《Fintech 视角下金融服务实体经济报告》显示，金融科技中突出的 P2P 网贷借贷在服务小微企业、“三农”等群体方面取得了突出的成绩。2006—2017 年，小微企业累计从网贷行业获得超过 2 万亿元的贷款，且截至 2018 年 6 月，网贷行业累计成交金额突破 7 万亿元。

二、金融科技带来了新的风险

金融科技各个部分发展的模式与技术成熟程度不一致，又对经济金融稳定性带来新的冲击并产生新的风险点。主要表现在以下几个方面：

1. 金融科技引发信用风险隐患

金融科技促进了金融创新，但超越边界的金融创新造成了资金脱实向虚、期限错配等问题。金融科技下的金融创新加大了资金的期限错配，造成流动性不匹配问题。且过度金融创新下的同业空转、理财空转等带来的虹吸效应促使了资金脱实向虚，使得金融收益与实体业绩错配，出现系列兑付困难的金融产品，产生信用风险。在金融科技快速发展的过程中，中国的宏观杠杆率也快速上升，2008—2016 年平均每年上升超过 12 个百分点，2017 年宏观杠杆率达到 244.0%，负债水平的快速增加对负债主体偿债构成巨大压力，信用风险发生概率提高。

2. 金融科技引发系统性风险隐患

金融科技对宏观金融风险具有放大器的作用，一方面，金融科技在与家庭和企业关联的活动中，由于信息传播效率提高，信号作用被放大从而加剧风险的传播；另一方面，由于科技固定算法下的交易操作等会使得交易行为趋同，从而呈现顺周期特征，过度的信息会引起交易系统的过敏感性，会进一步放大信号的冲击作用。再者，金融科技由于融合了多个参与主体，增加了金融价值链，更易叠加金融风险。

3. 金融科技引发监管套利风险隐患

金融科技基于业务形态的多样性与跨区域的特点，会脱离以地域为限制的传统金融监管的制约。金融科技跨界不仅体现在行业层面，而且体现在体系层面，是一种更为复杂的综合化经营模式，并造成监管边界的模糊与重叠，使得传统的机构监管、人员追责监管、微观指标监管模式有效性减弱。

第二节 货币政策最终目标的变化

货币政策最终目标包括经济增长、物价稳定、充分就业和国际收支平衡，但制度和宏观经济环境不同决定了各国不同的货币政策最终目标，中央银行与政府的关系主导着货币政策目标的演进方向。早期，中央银行从属于政府，实现充分就业与经济增长是货币政策的最终目标，另外由于国际贸易兴起，对抗通胀和保持国际收支平衡成为一些国家货币政策的最终目标。此后由于持续性的通货膨胀与就业低迷，中央银行与政府的关系被重新审视，加之货币政策多目标之间表现出冲突与动态不一致问题，从20世纪90年代初开始，以加拿大、新西兰、英国为首的20多个国家先后放弃了货币政策的多目标制，基于货币中性论为理论基础的单一目标“通货膨胀目标制”成为货币政策的最终目标。

对中国而言，由于中国人民银行职能与政府职能的重叠与交错决定了目前的货币政策实行多目标制，但中国货币政策目标在不同的时期有不同的侧重点。自2001年中国加入WTO以后的长时期内，经济保持高速增长态势，流动性充裕，此时货币政策以应对通胀、保持物价稳定为主要的目标。2003年修订后的《中国人民银行法》规定货币政策目标是保持货币币值的稳定，并以此促进经济增长。但在2008年金融危机后，受制于国外消费市场疲软，国内出口相应减少，经济增长速度下降，此时货币政策以保持经济增长为首要目标。金融科技的发展颠覆了传统的金融模式，提高了金融资源配置的效率与金融的普惠性，但金融科技同时也增加了金融的脆弱性，使得系统性风险这一不能被分散的风险发生概率上升。鉴于金融科技发展对金融市场环境和宏观经济的巨大影响，货币政策调控的最终目标与首要目标有了新的变化。纵观央行货币政策执行报告，2011年第四季度将“有效防范系统性金融风险，保持金融体系稳定”加入货币政策执行思路，并于2016年首次强调货币政策需平衡“稳增长”与“防风险”之间的关系。中国货币政策最终目标尽管多样，但首要目标呈现动态变化趋势，这也是与经济形势紧密相关的。

从历年的政府工作报告也可以看出经济发展形势引导着货币政策调控目标的变化，2016年政府工作报告强调“加强供给侧结构性改革，增强持续增长动力”，2017年政府工作报告强调“贯彻稳中求进工作总基调”，2018年政府工作报告强调“大力推动高质量发展”，2019年政府工作报告则强调“平衡好稳增长与防风险的关系，确保经济持续健康发展”，2016—2018年三年政府工作报告都以“稳增长”作为历年的政府工作目标，2019年则强调工作重心以单方面追求增长向平衡增长与风险关系的转变。因此，中国人民银行在2019年第一季度货币政策执行报告中也特别强调未来货币政策思路紧紧围绕服务实体经济、防控金融风险、深化金融改革三项重大任务，货币政策首要目标从重点服务经济增长向强调服务经济增长与风险防控的共同目标转变。

第三节　货币政策目标名义锚的选择与调整

一、货币政策目标名义锚的含义

以美国为代表的发达经济体由于货币政策最终目标唯一，且没有设立货币政策中间目标，因此创造出货币政策目标的名义锚来提高货币政策的调控能力。货币政策目标的名义锚特指盯住货币政策最终目标的可测、可控的经济变量，货币当局采用货币政策工具来保障名义锚处于目标范围区间内，从而实现货币政策的最终目标。不同的货币政策目标制选择不同的名义锚，货币政策目标制有通货膨胀目标制、货币目标制及汇率目标制，从而货币政策目标的名义锚选择有通胀率、货币供应量及汇率。不同于货币政策的中间目标，名义锚强调指标盯住最终目标的“驻锚”功能，有明确的目标范围，从而可以提高中央银行的声誉约束，减弱委托代理问题和货币政策动态非一致性问题。

目前货币政策独立的经济体大多采用通货膨胀目标制，包括最初于1991年引入通货膨胀目标制的新西兰，其后加拿大、英国、澳大利亚等国家都位列其中。截至2018年年底，实行通货膨胀目标制的国家超过40个。对中国而言货币政策最终目标不唯一，因此并没有明确的货币政策目标名义锚的概念，货币供应量这一数量指标作为货币政策的中间目标并充当着货币政策目标名义锚的角色。

二、金融科技发展下货币政策目标名义锚的乏力

当前金融科技发展引致的金融市场环境巨大变化的情形下，充当货币政策目标名义锚角色的货币供应量对货币政策最终目标盯住的表现越来越乏力。货币政策目标有效实现需要名义锚满足可控、可操作性及与最终目标紧密联系等特点，具体对货币供应量这一名义锚来说，需要货币产出与货币需求之间存在稳定联系，从而实现货币供应量调节产出的有效性、货

币供应量具有可测与可控性、货币流通速度稳定等特点。

金融科技的发展使得货币产出与货币需求之间的联系不再稳定。基于大数据和深度学习算法技术的商品和服务价格更容易精确调整，从而价格变化更为频繁。费雪方程式表明流通中的货币数量对物价具有决定性作用，反之物价对货币数量也具有一定的影响关系，从而价格频繁变化引起货币需求大幅度变化。在货币产出短时期不变的情况下，货币需求与货币产出稳定的联系被打破，从而货币供应量调节产出的有效性下降。另外，电子货币的发展会替代消费者对基础货币的需求。用电子货币进行支付交易时，流通中的货币数量相应减少，基础货币很难影响公众货币需求，从而中央银行无法利用货币乘数来调节公众货币需求，货币政策对经济体的关联失去效力。金融科技的发展拓展了非银行金融机构的业务从而加速了非银行金融机构的发展，金融衍生产品等部分金融科技业务具备一定的货币创造功能，模糊了货币层次的界限，并使得中央银行对货币供给的管控减弱，货币供应量的可测性与可控性减弱。基于解决信息不对称问题的金融科技发展会降低交易成本、提高市场对利率的敏感程度，提高价格型货币政策工具的有效性，间接弱化货币供应量为名义锚的效果。并且金融科技带来的普惠性增加了投融资短期需求的主体，使得市场融资需求周期变短，增加了金融市场流动性需求的不确定性，更进一步弱化了货币供应量的盯住效果。

三、货币政策目标名义锚面临新的选择

金融科技的发展引起了货币政策最终目标的重心变化，即货币政策当前首要目标是平衡“经济增长”与“金融稳定”之间的关系，鉴于货币供应量这一名义锚的失效，货币政策目标名义锚需要重新定义。

目前大多数发达经济体国家和部分发展中国家采用通货膨胀目标作为名义锚。通货膨胀目标制有效实施需要一系列的前提条件，需要中央银行保持独立性或者中央银行至少应该保障货币政策工具的独立性；且中央银行具有较高的透明度，能灵活采用与政府和公众沟通的窗口指导型货币政

策工具来施行货币政策；同时需要经济金融环境稳定，经济增长不会出现大的波动，并且在技术层面对通货膨胀的预测能力较强，从而保证通货膨胀目标范围的可得性与稳定性。现实表明，发达经济体实行通货膨胀目标制后货币政策更为透明和有效，而以色列、墨西哥等发展中国家实行通货膨胀目标制的货币政策调控效果欠佳。对中国而言，现阶段种种限制性条件制约了货币政策通货膨胀目标制的实施。财政政策与货币政策并没有形成良好的协调机制，中央银行独立性欠缺。尽管金融科技带来了金融创新，但金融约束仍然较强，缺乏多层次的资本市场，金融市场并不完善。经济增长不稳定性影响因素增加，通货膨胀目标较难预期与精确界定。因此，借鉴发达国家经验，可以通过制度建设与体制机制改革将通货膨胀目标制作为长期的建设目标。

对短期而言，为了实现调控“经济增长”与“金融稳定”之间平衡的货币政策首要目标，货币政策目标名义锚需要兼顾二者之间的关系。现实中很难找到同时满足盯住两者的名义锚，且同时盯住两者会导致政策成本上升、政策效率下降。基于丁伯根法则约束，中央银行构建实现经济增长的货币政策框架和盯住金融稳定的宏观审慎框架是实现当前货币政策首要目标的现实最优选择。因此，寻找盯住经济增长的货币政策目标名义锚与实现盯住金融稳定的宏观审慎政策体系是构建货币政策与宏观审慎政策双支柱调控框架的前提。

对货币政策目标名义锚来说，尽管金融科技发展下加速的金融创新使得货币供应量这一隐形锚的“驻锚”功能减弱，在价格调控机制未建立起来之前，一方面仍需要对货币供应量指标进行修补，提高货币供应量的可测性与可控性。为此需要深化制度建设与市场改革，提高中央银行的独立性以提高货币政策的透明度，构建多层次资本市场以发挥货币政策传导效力，继续推进利率市场化改革以丰富金融市场产品并合理引导公众预期等；另一方面需要寻找新的更匹配经济发展程度的指标补充作为货币政策目标名义锚，如生产者物价指数、经济发展调整后的货币供应量等指标，模拟探索发现新的货币政策目标名义锚，以便为向长期的通货膨胀目标制做准备。

当前已经建立的“宏观审慎评估体系”（Macro Prudential Assessment, MPA）是宏观审慎发挥政策效果的操作体系，用来评估与监控金融风险。基于宏观调控需要，宏观审慎评估体系筛选出评估金融风险的指标，并赋予指标权重、相关参数后得出综合性评价。当前MPA重点考虑资本和杠杆情况、资产负债情况、流动性、定价行为、资产质量、外债风险、信贷政策执行等七大类共16项指标，按季度主要对存款类金融机构进行考察。MPA覆盖面广，且逐步吸纳新的指标和动态调整评估参数以进行自我完善，如2017年吸纳表外理财、2018年与2019年分别吸纳大型商业银行和中小型商业银行的同业存单、增加小微企业贷款考核权重等。尽管MPA是防范金融风险的重要政策框架，但主要应用受限于存款机构的差别存款准备金率和广义信贷管理方面，并没有扩大到对所有金融机构的评估，且一些重要指标比如资本充足率核算、流动性核算与银监会监管重叠，使得央行独立核算能力减弱，因此也相应减弱了对金融风险的监测评估能力。金融科技的快速发展对宏观审慎评估体系收集数据的能力提出了更高的要求。未来，对MPA树立动态调整机制，建立数据信息收集系统，拓宽宏观审慎评估体系的全口径统计范围，将互联网金融业务纳入评估体系是健全宏观审慎政策框架，保障金融稳定的重要内容。

第四章　新发展格局下货币政策中间目标的变化

本章以解决“新发展格局下，如何保障稳健型货币政策的实施？如何发挥平稳货币政策的效力？”为出发点，对管好货币政策中间目标——货币供给总闸门这一稳健型货币政策效果的关键和前提进行了系统性阐述，详细围绕管好货币供给总闸门的必要性、急迫性与可行性进行了深度分析。

第一节　货币政策中间目标变化：从“管住”到“管好”货币供给总闸门

2017 年 7 月第五次全国金融工作会议提出，“去杠杆，千招万招，管不住货币都是无用之招。坚决管住货币信贷、防止宏观杠杆率继续快速上升，这是总闸门”。2017 年年底召开的中央经济工作会议再次强调，“稳健的货币政策要保持中性，管住货币供给总闸门，保持货币信贷和社会融资规模合理增长，保持人民币汇率在合理均衡水平上的基本稳定，促进多层次资本市场健康发展，更好为实体经济服务，守住不发生系统性金融风险的底线”。2018 年 2 月中国人民银行工作会议将管住货币供给总闸门作为当年金融工作的重点任务，强调“管住”货币总供给总闸门，对更好地发挥货币政策稳增长、调结构、防风险的作用具有深刻的意义。2018 年 3 月，《政府工作报告》提出“管好货币供给总闸门”（表述见表 4 -1）。

表 4-1 "管住"与"管好"货币供给总闸门详细表述

日期	出处	表述
2017 年 7 月 14—15 日	第五次全国金融工作会议	管住货币信贷总闸门
2017 年 12 月 18—20 日	中央经济工作会议	管住货币供给总闸门
2018 年 1 月 29 日	易纲：《货币政策回顾与展望》（《中国金融》2018 年第 3 期）	管住货币供给总闸门
2018 年 2 月 14 日	央行《2017 年第四季度中国货币政策执行报告》	管住货币供给总闸门
2018 年 3 月 5 日	国务院《政府工作报告》	管好货币供给总闸门
2018 年 3 月 25 日	"中国发展高层论坛 2018 年会"	管好货币供给总闸门
2018 年 4 月 18 日	新华社述评：中国经济新开放助力世界经济稳定向好	管好货币供给总闸门

资料来源：中国人民银行网站、中国政府网等。

从"管住货币供给总闸门"到"管好货币供给总闸门"，虽然只有一字之差，但代表意义却明显不同。"管住"强调调控政策的严厉性，而"管好"则要求政策灵活多变以服务金融稳定和实体经济发展的需求，体现了货币政策环境及监管思路的新变化。这种监管思维变化的原因可以概括为如下几个方面：

一、去杠杆取得实效（见图 4-1）

2018 年 5 月 11 日，央行发布的《2018 年第一季度中国货币政策执行报告》指出，"宏观杠杆率增速放缓，金融体系控制内部杠杆取得阶段性成效"，首次官方提出"宏观杠杆率趋稳"，这标志着去杠杆取得了较好的效果。从具体数据来看，（1）2017 年宏观杠杆率趋稳。2017 年之前的一段时期，我国宏观杠杆率上升较快，2012—2016 年年均提高 13.5 个百分点。随着供给侧结构性改革的深化、经济稳中向好及稳健中性货币政策的有效实施，2017 年我国宏观杠杆率上升速度明显放缓，全年上升 2.7 个百分点至 250.3%。其中，企业部门杠杆率为 159%，比上年下降 0.7 个百分点，是2011年以来首次下降，2012—2016年年均则增长8.3个百分点。政府部门杠杆率为36.2%，比上年下降0.5个百分点，2012—2016年年均则增长1.1个百分点。住户部门杠杆率为55.1%，比上年高4个百分点，增幅比2012—2016年年均增幅略低0.1个百分点。（2）广义货币供应量月度同比增长趋势下降。（3）利率一般是判断杠杆水平的灵敏指标，利率反映资金成本，当金融主体回购和拆借融资额下降、市场流动性较为宽松时利率下降，相应地金融机构融入资金规模下降，杠杆下降。上海银行间同业拆放利率（以SHIBOR：3个月为例）在2018年持续下降，去杠杆取得了初步的效果。（4）银行表内投放非标、委外等业务收缩，存款类金融机构人民币资金运用中“股权及其他投资”科目在2017年前急剧增长，从2017年下半年开始保持一定幅度的下降趋势，表明金融去杠杆的力度加大。

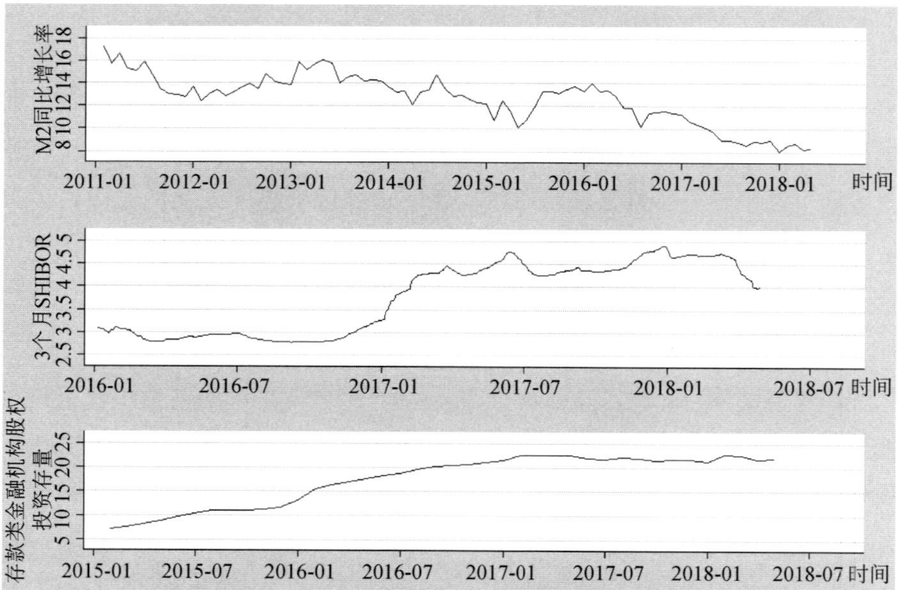

图4-1 去杠杆效果评析

资料来源：Wind，其中存款类机构股权投资存量单位为万亿元。

二、货币政策调控重心发生变化

在宏观杠杆率趋稳和在金融稳定发展委员会、中国人民银行、中国银行保险监督管理委员会、中国证券监督管理委员会（“一委一行两会”）的监管新格局下，为打好防范化解金融风险攻坚战，需要全方位、多维度审视去杠杆的策略。央行发布《2017 年第四季度中国货币政策执行报告》强调“把握好稳增长、去杠杆、防风险之间的平衡”，而《2018 年第一季度中国货币政策执行报告》转变为“把握好稳增长、调结构、防风险之间的平衡”，表明货币政策调控与监管重心从“去杠杆”转变为“调结构”，体现了货币政策调控的灵活性。

不仅如此，在资产收益率总体呈下降趋势的背景下，宽松货币政策的扩张效应带来严重的资产价格泡沫，而货币政策调控助力实体经济增长效率下降。货币政策由“宽松”向“稳健中性”转变的过程中，极易引发资产价格泡沫破灭从而引发经济硬着陆的多米诺骨牌效应。在财政政策调控空间受限的情况下，需要灵活的货币政策调控手段，维护金融监管、金融发展与金融支持实体经济发展之间的平衡。而“管住”货币供给总闸门这一严厉总量目标的管理是一种牵一发而动全身的策略，“管好”货币供给总闸门显然更易于发挥货币政策的协调性与灵活度，相机抉择以实现调整结构的目标。

与此同时，全球经济复苏步调的不一致、地缘政治冲突与全球贸易摩擦加剧、全球金融市场波动加剧等因素使得中国经济面临的外部环境变得更加复杂，中国金融市场的稳定性遭受更复杂与更隐蔽的全球风险冲击，其波动性可能受到全球金融市场波动加剧的传染。在通胀压力短期可控与中国经济增速逐渐回落的情况下，央行货币政策的边际放松有了合理的操作空间。所以，“管好”货币供给总闸门的提出有利于实施央行货币政策的边际调整，增强央行货币政策操作独立性。

第二节 货币供给管理的新特点

货币作为一种具有普遍可接受性而被用于交换、支付和价值储藏的工具，在社会经济生活中扮演着举足轻重的角色。作为货币供给数量指标的货币供应量一般指的是某一时点上经济体系中所拥有的货币存量。国际货币基金组织（IMF）于2000年颁布的《货币与金融统计手册》及其后的多次修订为货币供应量提供了系统的概念框架体系，是指导主权国家统计货币供应量的指导性文件，并将货币供应量依据流动性不同被划分为不同的层次以便于与经济活动相适应。受金融市场发育程度影响，在放弃信贷规模直接控制后，中国主要采取以总量操作工具为主，以数量为操作目标的间接货币调控模式（王晓青和李云山，2004），其货币供应量分为M0、M1和M2三个层次。M0为流通中的现金，包含银行体系以外各个单位的库存现金和居民的手持现金之和；M1为狭义货币，数量关系上为M0和单位活期存款之和；M2亦称"广义货币供应量"，由M1和准货币组成，准货币是不能直接用于流通但可以随时转换成通货的货币，主要包括定期存款、储蓄存款、信托存款、委托存款等其他类短期信用流通工具。M1反映消费需求，M2更多地反映投资需求，能较好地反映社会总需求的变化。

就货币政策的作用机制而言，货币政策工具经由传导机制的作用影响最终目标，货币政策中间目标的作用则在于为此传导过程设定可供检验纠偏的调控方向与调整幅度。一般来看，货币供应量作为货币政策中间目标是基于货币供应的可测与可控，并与经济活动具有较高的相关性。

理论上，关于货币供给是否被中央银行控制产生了货币供给的外生决定理论和货币供给的内生决定理论。货币供给外生论代表人物弗里德曼认为货币供给作为一个外生变量，是由中央银行控制的，中央银行向经济体提供基础货币控制货币供给的源头，再由银行系统的存贷款业务操作派生货币，并经货币乘数放大。而新古典综合学派、后凯恩斯主义者都坚持货币供给内生决定论，这种理论认为货币供给是由货币需求决定的，而不是由货币当局决定的（Kaldor，1970、1982）。不同的货币供给理论阐述了央行在提供货币供给中的不同作用，进而政策调控效果和运用的调控方式也不同。

货币供给管理就是中央银行运用货币政策工具使货币供应量适应经济和社会发展的需要，以最大限度实现物价稳定、经济增长、充分就业、国际收支平衡与金融稳定等货币政策最终目标的实践过程。中国货币供给根据模式和渠道不同大致经历了四个典型阶段（王剑，2017）：（1）外汇占款增长下的货币对冲模式：2001年中国加入WTO后，对外贸易增长强劲，国际收支持续“双顺差”，形成了结售汇制度下外汇占款投放决定基础货币的机制。（2）信贷投放派生阶段：2007年全球性的经济危机后对外投资萎靡，外汇占款对货币供给的影响较之前下降，国内“四万亿”的经济刺激计划导致信贷剧增，2009—2010年派生的M2中信贷占比上升到70%左右。信贷过度投放加剧了通胀压力，也产生了地方政府债务问题、房地产价格快速飙升问题。因此启动了以房地产调控为始的宏观调控政策。（3）同业投资派生阶段：宏观调控后，迫于资金需求的压力，非信贷资产类融资方式应运而生。其他存款性公司资产负债表中M2增量部分扣除外汇占款、财政、信贷、债券等投放渠道以外剩下的“其他（非标准化债权）类”与M2增量比在2011—2012年剧烈攀升，可以看出非标类成为M2派生的重要途径。（4）委外投资派生阶段：2014年后的低利率环境引起的“资产荒”，催生出“委托投资”这一新的寻求高资本利得的投资方式。其他存款性公司资产负债表中非银类负债投放的M2在2015—2016年大幅增长表明委外投资盛行，尤其是2016年高达44%。货币供给方式的变化带来流动性的不可控，因而对货币供给管理提出了新的要求。

1. “量”和“价”齐管理

对货币供应量的有效管理，不仅体现在对“量”的管理，还体现在对“价”的管理。管理“量”的主要目标是货币供应量增长率与经济发展程度相适应；管理“价”的主要目标是宏观基本面稳定和去杠杆，操作特点为优化货币政策工具组合和期限结构，保持适度流动性，推动货币政策向价格型调控为主逐步转型，增强价格杠杆在资源配置中的作用（徐忠，2017）。随着利率市场化的逐步推进，央行创设了短期流动性调节工具（SLO）、临时流动性便利（TLF）、常备借贷便利（SLF）、中期借贷便利（MLF）等多种政策工具，根据经济形势和金融市场流动性变化，灵活运用了多种政策工具以保持流动性基本稳定。

2. 货币供给管理更多运用结构性工具

针对突出的结构性矛盾，调整经济结构已经成为深化改革任务的重中之重。在存在预算软约束与部分经济主体对价格不敏感的情况下，利用定向降准、信贷政策支持再贷款、再贴现、抵押补充贷款（PSL）等方式，可以充分发挥定向工具的结构性引导和调节作用。在货币政策总体保持审慎和稳健的前提下，能预防结构调整中出现的总需求惯性下滑局面，防止过度开闸而固化结构性矛盾，推升债务水平（张晓慧，2017）。2017 年，中央银行多次综合运用定向降准、信贷支持再贷款等多种政策工具引导金融机构加大对重点领域和薄弱环节的支持力度。

3. 货币供给管理借力宏观审慎政策

最近一个时期以来，以广义信贷和房地产价格为代表性衡量指标的金融周期和以物价波动为代表性衡量指标的经济周期出现了分化，价格稳定并不必然保证金融稳定。同时，金融杠杆行为加剧了金融的顺周期性，再加上金融正反馈机制跨机构与市场的传染，致使金融体系复杂性与脆弱性增加，对以货币政策为主的金融调控框架构成新的压力。党的十九大报告提出“健全货币政策和宏观审慎政策双支柱调控框架”，这可以发挥两个方面的作用：一是保持币值稳定，二是维护金融系统的稳定。货币政策作用于保持经济稳定增长和物价水平基本稳定，宏观审慎政策则直接和集中作用于金融体系，着力减缓因金融体系顺周期波动和跨市场风险传染所导致的系统性金融风险，恰当的宏观审慎政策能够作为货币政策的有益补充，避免单一政策陷入多目标困境（马勇和陈雨露，2013）。但由于政策目标与工具不一致也可能使得宏观审慎政策与货币政策相互制约（王爱俭和王璟怡，2014），因此需要两大政策的充分协调与完善。

第三节　管好货币供给的现实需要

从现实情况来看，实施稳健中性的货币政策必须以管好货币供给总闸门为重点和前提，其中的原因是多方面的。

一、强刺激性政策、弱监管致使流动性过于宽松

在刺激性政策的作用以及监管放松的背景下，货币信用出现了大幅度扩张。一是货币供应量长期高速增长。总量数据来看，2003—2017 年，广义货币 M2 从 21.9 万亿元增加到 167.6 万亿元，增长了近 8 倍，且 M2 年化增长速度平均高于 10%。二是 M2 与 GDP 之比快速攀升，从 2015 年开始已经超过 2 倍之上，2017 年比值相对 2016 年稍稍回落 2%。三是除 2016 年、2017 年外，实际 M2 增长率大多超过年初的预定目标（见表 4－2）。快速增加的 M2 一方面对 GDP 的提升效率下降，政策刺激效果下降，另一方面致使流动性泛滥，导致股市泡沫和房地产泡沫。

表 4－2　M2 预期增长率与实际值增长率

	2009 年	2010 年	2011 年	2012 年	2013 年	2014 年	2015 年	2016 年	2017 年
预期	17%	17%	16%	14%	13%	13.6%	12%	13%	12%
实际	28.4%	19.0%	17%	14.4%	13.6%	11.0%	13.3%	11.3%	8.2%

资料来源：政府工作报告与中国人民银行网站。

二、货币供应量快速增长引起经济主体杠杆率高企

自 2008 年金融危机以来，在大规模信贷刺激下，流动性泛滥压低了资金价格，经济主体债务水平急剧上升。中国经济分别在经历制造业、地方政府、居民部门这三次主动加杠杆行为后，用债务与名义 GDP 之比衡量的宏观杠杆率持续上升。

对金融部门来说，商业银行作为主要的融资主体，其杠杆率水平是重

要的考察量。2015年在“资产荒”的推动下，商业银行表现出明显的加杠杆行为，且集中于表外非银、非标、委托贷款等业务与表内同业业务两大方面。表外业务加杠杆主要集中于自营债券、非银/非标业务等理财产品。资金通过委外渠道、非标理财渠道等从银行系统向非银行系统转移，从而实现整个金融市场加杠杆，同时中小型商业银行通过同业存单方式主动负债，购买同业理财产品、委托非银机构投资等方式主动加杠杆。数据显示，理财产品在2016年前增长率持续增加，2016年后由于监管加强增长率水平才有所下降；表内同业业务方面，Wind统计数据显示同业存单自2013年推出以来，4年时间发展增速超过100倍，城商行和股份制银行更是成为同业存单的主要发行主体。宽松的货币政策为商业银行加杠杆行为提供了充裕的低成本资金，商业银行利用资产错配、漏提资本等方式加杠杆必然增加流动性风险和利率风险。

对非金融部门来说，杠杆率并没有显著下降。下一阶段去杠杆任务更侧重于“实体经济去杠杆”。执行方式上综合利用偿债、违约、债务重组等方式来降低债务水平。但总体需要管好货币供应量这一“水源头”，并通过金融监管来强化货币流通渠道管理，以控制新增债务。

三、经济面临脱实向虚压力

1. M1与M2增速“剪刀差”

M1、M2均与中国经济周期波动密切相关，M2与股价变动率密切相关（卜永祥和靳炎，2002），M1与工业增加值增速高度正相关（程建华等，2008），M1增长能直接体现经济持续好转。但在当前经济下行压力仍然较大的时期，M1增长与经济发展背离且与M2增长背离有待更深一步的解释（见图4-2）。从企业层面来看，M1构成中企业活期存款占比超过40%，M1高增长主要由快速增加的企业活期存款带动，反映出现实中资产回报率下降，企业投资意愿降低，投资下滑；从家庭层面来看，货币供应量与房地产资产价格波动联系紧密（周晖和王擎，2009），宽松的货币政策环境推动了房地产资产价格的上涨，房地产活期存款增加引起M1增加。宽松的货币政策并不能够有效刺激投资，增加消费。在经济处于L型发展趋势下，货币政策效率下降不仅没有促进经济增长，反而会助长经济脱实向虚。

2. 价值泡沫

快速增加的货币供应量在经济处于下行通道时期集中囤积于流通领域，从而推高资产价格造成泡沫。经济体主动加杠杆的逐利行为进一步推高了房地产泡沫，据中经网数据显示，2012年后房价增长率明显高于工业生产者出厂价格指数（PPI）变动率，可见快速增加的货币供给并没有创造真实的财富。

3. 商业银行表外融资规模与社会融资规模背离

社会融资规模是指一定时期内实体经济从金融体系获得的全部资金总额，是反映金融对实体经济支持的总量指标。社会融资规模构成包括人民币贷款、外币贷款、委托贷款、信托贷款、未贴现的银行承兑汇票、企业债券融资、非金融企业境内股票融资、投资性房地产等，其中委托贷款、信托贷款、未贴现的银行承兑汇票与银行表外业务有重合之处。商业银行表外投资中投向非银行金融机构的资金会派生M2，但是否会影响社会融资规模则取决于非银行金融机构是否将资金投资于实体经济。如果这部分资金并没有投入实体经济，社会融资规模并没有变化而仅仅增加M2，则发生了资金空转；如果这部分资金投入实体经济，则会增加社会融资规模。实际监测统计非银行金融机构投资于实体经济的资金较为困难，但这部分投资资金可以从委托贷款、信托贷款、未贴现的银行承兑汇票这几部分与商业银行表外业务重合之处的资金动向来分析。如果商业银行非银行投资快速增长但社会融资规模中委托贷款、信托贷款、未贴现的银行承兑汇票之和并没有显著增长，至少可以部分说明货币供给投资于实体经济较少，资金脱实向虚。

非银行金融机构融资派生M2可以从其他存款性公司资产负债表中进行统计，其他存款性公司资产负债表中对其他金融性公司负债即为非银融资派生的M2，从图4-2可见此部分资金在2012年后经历过几次快速上升，即银行通过影子银行规避贷款限制从而进一步推升M2增长。从图

4－2可以看出，委托贷款、信托贷款、未贴现的银行承兑汇票之和在社会融资规模中的权重并没有表现出明显的增长趋势，这也表明商业银行表外资金存在空转现象。

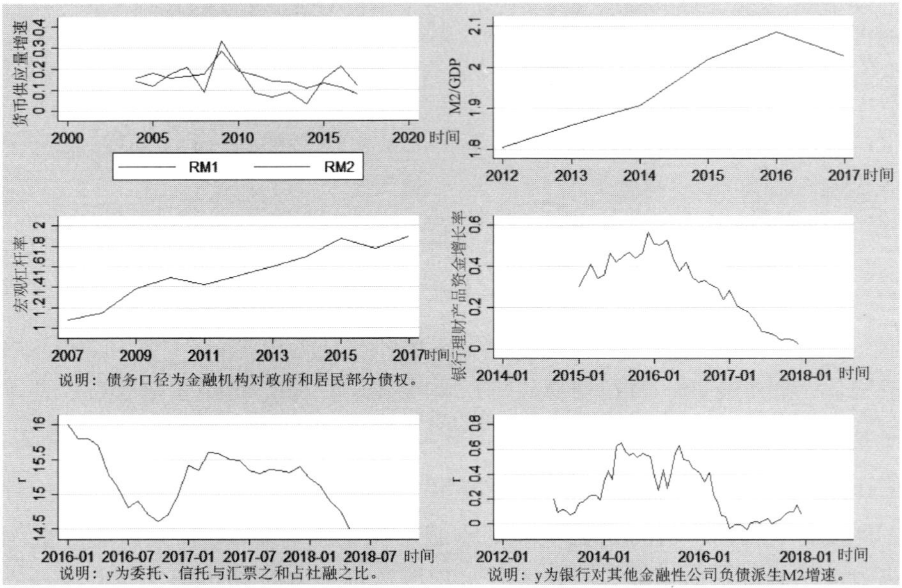

图4－2　货币供给管理的现实因素

资料来源：Wind。

四、预算软约束存在，货币“放水”强化结构性扭曲

随着利率市场化改革的推进，货币政策重要的工具被用来通过影响资金价格作用于实体经济。在资本市场不够完善的背景下，经济体中存在大量的财务预算软约束或利率弹性刚性部门，从而削弱了资产的利率敏感性。在宽松的货币政策作用下，资金很容易流向有政府信用和充足抵押品的国有企业和地方政府融资平台，这些部门占据大量信贷资源并对中小企业投资形成挤出效应，从而会导致价格杠杆扭曲，形成产能过剩、债务危机、僵尸企业等各种问题。货币供应总量调控政策边际效应下降，并会加剧结构性矛盾。

第四节 管好货币供给总闸门的难点

随着金融体制改革的进一步深化，加上金融创新兴起及地缘政治危机增加等因素引发的复杂的经济金融环境变化，对管好货币供给总闸门构成了新的难题和极大的挑战。

一、管好货币供给总闸门的标准

货币供应量管理的最终目标并不是货币供应量本身，而是实体经济，货币供给的规模和速度应与经济发展程度相匹配（伍志文，2002）。麦卡勒姆规则（McCallum，1987、1988、1995）和弗里德曼规则（Friedman等，1956；Friedman和Schwartz，1963；Friedman，1982）阐释了保持货币供应量增长的规则，认为应确定一个货币供应量增长的数量法则，使其增长率同预期的经济增长率（或附加适当的通货膨胀水平）保持一致，并按一个稳定的增长率扩大货币供应量。因而中央银行早期对货币供应量使用目标式管理模式，常用国内生产总值增长率加上通货膨胀率、再加一定其他因素来界定货币供应增长的合理区间。但是，货币供应量管理实质是一种黑箱式操作，黑箱中货币供求精确的行为结构和参数以未知的形式动态变化着，中央银行只能根据宏观数据反馈信息来动态矫正，从而实现最终预期目标。同时，市场深化和金融创新使得M2与实体经济的相关性减弱，M2与实体经济运行之间的关系需要重新校准，货币供给目标设定是否合理仍然值得商榷。特别是，衡量金融支持经济发展力度的指标更多地偏向信贷尤其是社会融资规模，以货币供给目标管理为支持经济发展手段是否合适也值得检讨。

二、货币供给“不可测”“不可控”情况下管好货币供给总闸门

在金融深化和金融开放背景下，金融创新和经济全球化凸显出几个值得高度关注的重要问题：（1）非银行金融机构的种类、数量和规模持续增

加，且其货币创造能力明显加强，金融衍生产品对货币的替代趋势明显，这在较大程度上削弱了中央银行对货币供给的管理和控制；（2）商业银行和非银行金融机构发行电子货币（或数字货币）改变了货币——特别是基础货币的内涵，在一定程度上蚕食或者弱化了中央银行发行货币的特权；（3）开放经济背景下，经济全球化、金融全球化提高了不同国家货币资产的相互替代性，国际资本流动加速，市场汇率变化加快，这些都对一国的货币政策和货币供给量产生越来越重要的影响；（4）外部经济、外部市场力量的冲击不可避免，而且关系到国家经济、国家金融的安全，中央银行通过货币政策进行宏观经济调控、进行货币供给控制的任务更加艰巨，面临的形势更加复杂，挑战更大。由此，M2 的可测性与可控性持续降低，继续以 M2 增速为目标并强化货币供给管理容易造成不合理预期甚至政策误导。

三、管好货币供给总闸门的效果评判

控制货币供给总闸门是支持实体经济发展的重要手段和方式，中国经济当前仍然处在结构调整与经济增速下行压力加大的过程中，如何在管好货币供给总闸门的情况下，平衡好“稳增长”“防风险”“调结构”的关系是需要重点关注的问题，也是一大难点。

第一，需要处理好稳增长与去杠杆（防风险）的关系。

从防风险的角度来说，无论是抑制资产价格泡沫、稳定汇率，还是宏观经济去杠杆、金融业去杠杆，都要求紧缩货币（供给）。由于中国经济增长与 M2 之间还是具有较高的相关性，所以一旦控制 M2 增速的力度过大，就会显著影响经济增速。当前低利率环境下经济资本回报率较低，提高杠杆率一般有助于实体企业提高盈利水平。当货币供给增速下降时，受限于资金总量减少从而杠杆率下降，总量下降与低回报率双重夹击的情况下经济增速最终下降。中国当前是间接融资占主导的资本市场融资结构，各融资主体中民营企业从商业银行获得的贷款相对较少。去杠杆、商业银行压缩贷款的过程中，对社会就业做出重要贡献的民营企业更难获得贷款，整体经济效率势必受到影响。因此，管好货币供应量无比重要，合理与合适的M2增速区间是维护稳增长与去杠杆关系平衡的天平。

第二，需要处理好货币供给总量与货币供给结构的关系。

当前货币供给结构与货币供应总量之间的矛盾主要为货币供给总量虽然大但各经济主体获得资金的体量不平衡，这种矛盾主要表现在金融系统和实体经济两个层面：金融系统方面，大型商业银行资金相对充裕，而且可以使用多种货币政策工具来补充资金；与之相对，中小商业银行资金相对紧张，为追求盈利一般杠杆率也较高，因而面临较大的金融风险。数据显示，当前金融市场的资金分布存在严重的不对称，央行发布的《2016年中国金融市场发展报告》统计数据显示，2016年全年，主要以债券回购方式净融出资金前三位的机构分别是股份制商业银行、大型商业银行和政策性银行，净融入资金前三位的机构则分别是非法人金融产品类投资、非银行金融机构和农村金融机构。可见，受限于资金获取能力，中小银行补充资金方式集中于发行同业存单和债券回购，这种期限短、风险高的累积资金方式增加了中小银行的经营风险、信用风险、利率风险等类型风险。实体经济方面，国有企业资金相对充裕，得益于较为丰富和畅通的融资渠道，国有企业的融资成本相对较低，而中小企业受限于业务范围和业务能力，使得融资成本居高不下。因此在结构失衡的情况下，货币供给环境大幅改变，中小银行和民营企业会最先受到冲击，并由于其金融脆弱性与风险传染的链式反应引发系统性风险。金融经济发展的不平衡性增加了货币供给的调节难度，如何处理好货币供给总量与货币供给结构的问题是值得认真反思的问题。

第五节　管好货币供给总闸门的着力点

一、统计口径的动态调整

货币层次决定了广义货币M2与整个社会经济结构有关，因此管好货币供给就是要管好广义货币 M2 的数量规模和增长率。

从 M2 的内涵来看，不同的统计口径会导致 M2 数量有较大变化。目前 M2 数量关系上是狭义货币（M1）加上企事业单位定期存款、居民储蓄存款、外币存款和证券公司证券保证金、非存款类部门持有的货币市场基金等。自 2000 年以来，为了更为真实地反映宏观经济流动性，中国人民银行多次对 M2 内涵进行拓展。2000 年第一次调整将证券公司证券保证金纳入统计口径；2002 年第二次调整将外资银行、合资银行等外资金融机构的人民币存款纳入统计；2011 年又将住房公积金和非存款类金融机构在存款类金融机构存款纳入统计；源于表外信用派生的增长，2018 年又加入非存款类部门持有的货币市场基金。不同统计口径带来不同的 M2 存量和增长率的变化，可见动态调整广义货币的统计口径可以更为精确地反映与经济发展程度相匹配的货币供给量。

二、货币派生路径管理

货币供给理论认为广义货币由央行发行基础货币，并经商业银行存贷款派生而得。商业银行的各类资产业务是派生 M2 的关键，因此有效制约商业银行的各类资产业务是有效控制 M2 的根本。M2 实际增长率存在超过年初预期目标的情况（见表 4－2），表明商业银行资产业务存在不可预测的可能性。为了减弱这种不可控因素的影响，2015 年年底央行把差别准备金动态调整和合意贷款管理机制“升级”为宏观审慎评估体系（Macro Prudential Assessment，MPA），并将商业银行主要对外资产投放计入广义信贷。同时广义信贷与商业银行的资本充足率挂钩，从而为 M2 增长设定上限。

三、创新货币政策工具

使用“量价分离”原则或“量价组合”原则来共同调节货币供给，发挥货币供给调节的总量优势与结构性调控优势，可以优化货币供给管理。如存贷款基准利率不动，仅仅通过公开市场操作，利用短期流动性调节工具（SLO）、临时流动性便利（TLF）、常备借贷便利（SLF）、中期借贷便利（MLF）等临时与定向操作货币政策工具来差别化金融调控力度，引导好金融资源流向来控制好流动性总闸门。2017年央行通过小幅放量和相机提高公开市场利率，保持存贷款基准利率稳定，利率调控集中于金融市场而非传统的信贷市场，提高了银行间市场的资金成本，从而降低了金融机构的套利空间。因此，有必要进一步创新货币政策工具，增强中央银行的逆周期调节能力。发达经济体创设的信贷宽松货币政策工具如美联储的扭转操作（TWIST）、欧央行的定向长期再融资（TLTRO）、日本央行刺激银行信贷工具（SBLF）和英国央行融资换贷款计划（FLS）等都具有明显的逆周期特征（雷志卫，2000；刘胜会，2009；马理和刘艺，2014；孙国峰，2017）。可以结合经济发展形势创新货币政策工具以完善中央银行流动性供给机制，为经济增长和结构调整提供稳定的货币信贷环境。

四、强化并改善金融监管

一方面，要强化宏观审慎监管与微观审慎监管的有机结合。宏观审慎监管用来指导监控M2的合理增长，从源头上遏制住M2的超预期增长，但货币政策是短期的总需求管理工具，难以解决结构性问题，也容易产生致使整体利率上行而伤害实体经济的因噎废食行为。因此，微观审慎政策出发点是为了精准地对商业银行资产业务进行监管。如针对金融机构特别是商业银行降杠杆行为来说，对于商业银行表外资产未计提资本，政府背景机构、房地产公司、上市公司、非银行金融机构等加诸银行资金链条上资本计提不足从而导致杠杆不明的问题，需要补提资本以还原商业银行真实的资本充足率，这就需要从具体业务着手监管，检查资本监管套利手段和资产投放通道等以对商业银行微观业务进行监管检查，从而部署安排监管操作工具，实现精准调节。

另一方面，要注重协同监管。当前金融机构的金融创新利用跨监管部门协调监管的困境来规避监管，实现监管套利，从而引致M2无序派生。于2017年7月在全国金融工作会议上提出设立的国务院金融稳定发展委员会，凌驾于“一行三会”之上，意在加强监管协调与补齐监管短板，并提出了综合监管、功能监管和行为监管的理念。2018 年 3 月，党的十九届三中全会审议通过《深化党和国家机构改革方案》，并通过了组建中国银行保险监督管理委员会的决议，将中国银行业监督管理委员会和中国保险监督管理委员会的职责整合以便实现协同监管。因此，充分保障国务院金融稳定发展委员会的顶层设计职能，提升中国人民银行地位以保证货币政策独立有效运行，完善与履行中国银行保险监督管理委员会的职责，对强化综合监管、优化监管资源配置、更好地统筹系统重要性金融机构监管具有十分重要的意义。

五、注重货币政策与其他宏观经济政策的协调

当前经济中存在的诸多现象如杠杆率过高问题、房地产等资产价格泡沫问题、汇率外部升值内部贬值问题以及资本流出问题等，直观上似乎都与货币政策有关，但仅仅依靠货币政策并不能解决所有问题。如典型的房地产泡沫问题一方面是货币超发及宽松的信贷环境所致，另一方面也是地方政府财政税收机制所衍生的问题。非金融企业杠杆率过高问题表面上看也是货币超发从而借债资金成本较低而引起企业大量的外部融资，实则跟政府隐性担保、国企产能过剩、金融市场股权融资结构不合理等因素都相关。目前低利率的环境使得货币政策实施空间有限，货币政策独立性欠缺会导致货币政策效率低下，货币政策需要与其他宏观经济政策协调统筹才能更好发挥对经济金融的调节作用。

第五章　新发展格局下货币政策传导的难题与解决路径

本章以解决问题“新发展格局下，当前货币政策传导渠道受阻的原因是什么？货币政策传导渠道受阻的表现何在？怎么样疏通货币政策传导渠道？”为出发点，详细对比国内外货币政策传导机制的异同，对疏通货币政策传导渠道这一发挥货币政策调节作用、支持实体经济融资的关键前提进行了系统性阐释，并致力于寻找货币政策传导受阻的原因与难点。

第一节　疏通货币政策传导渠道的提出

现阶段中国经济面临巨大的不确定性，中美贸易摩擦、美联储缩表、经济全球化退潮等因素使得经济外部环境发生明显变化。对内宏观层面经济发展不平衡、结构性问题突出，市场风险进一步累积；微观层面随着金融科技的快速发展，市场化改革持续深化与金融监管的加强，融资分层现象突出，民营企业和小微企业融资依然困难，需求预期持续走弱，宽货币向宽信用转化并没有达到预期效果。由此提出了值得长期深入研究的重要课题：货币政策传导渠道效率为什么下降？货币政策传导受阻的原因何在？货币政策需要通过什么样的传导机制才能真正实现维持金融市场稳定和经济平稳发展的双重目标？

货币政策传导机制用于描述货币政策影响实体经济的动态传导过程（Bernanke 和 Gertler，1990），货币政策传导机制对各国货币政策实施起着极其重要的作用。货币政策传导渠道则是货币政策传导机制更加直观的阐释，货币政策传导渠道是货币政策研究的重要且核心的内容。中国货币政策经历长时期的改革与调整，现阶段在经济新常态的情形下，选择合适的货币政策传导渠道、疏通现有的货币政策传导渠道以提高货币政策传导的边际效率成为助力深化改革、防范金融风险、促进经济发展的重要途径。

中国人民银行《2018年第二季度中国货币政策执行报告》指出，当前中国经济韧性总体较强，产能利用率上升，就业形势稳定，但是在贸易摩擦加剧、主要经济体货币政策收紧等背景下，能否有效将商业银行累积的流动性运用和传导出去，以有效预防部分领域可能出现的信用收缩问题，并加大对小微企业等实体经济的支持力度是当前对冲外部不确定性，稳定市场预期的有力措施，引导流动性合理运用和传导的关键在于疏通货币政策传导渠道。2018年8月3日，国务院金融稳定发展委员会召开的第二次会议，重点强调进一步疏通货币政策传导机制，以增强金融部门服务实体经济的能力。疏通货币政策传导渠道是提高金融支持经济发展效率的关键之一。中国人民银行历年发布的《货币政策执行报告》均不同程度地将疏通货币政策传导渠道作为下一步工作的重点。近年来强调疏通货币政策传导渠道的表述见表5-1。

表5-1　近年来“疏通货币政策传导渠道”的表述

日期	出处	表述
2013年3月5日	国务院《政府工作报告》	完善货币政策传导机制，加强金融监管与货币政策的协调，不断优化监管标准和监管方式
2013年5月9日	央行《2013年第一季度中国货币政策执行报告》	完善货币政策传导机制，有效防范系统性金融风险，促进经济持续健康发展
2013年8月2日	央行《2013年第二季度中国货币政策执行报告》	完善货币政策传导机制，有效防范系统性金融风险，促进经济持续健康发展
2013年11月5日	央行《2013年第三季度中国货币政策执行报告》	完善货币政策传导机制，提高金融资源配置效率，有效防范系统性金融风险，促进经济持续健康发展
2014年2月8日	央行《2013年第四季度中国货币政策执行报告》	疏通传导机制，提高金融运行效率和服务实体经济的能力

续表

日期	出处	表述
2014 年 8 月 1 日	央行《2014 年第二季度中国货币政策执行报告》	进一步完善调控模式，疏通传导机制，通过增加供给和竞争改善金融服务，提高金融运行效率和服务实体经济的能力
2015 年 2 月 10 日	央行《2014 年第四季度中国货币政策执行报告》	进一步完善调控模式，疏通传导机制，着力解决突出问题，提高金融运行效率和服务实体经济的能力
2015 年 5 月 8 日	央行《2015 年第一季度中国货币政策执行报告》	推动货币政策调控从数量型为主逐步向价格型为主转变，进一步疏通货币政策的传导机制
2015 年 11 月 6 日	央行《2015 年第三季度中国货币政策执行报告》	改善货币政策传导机制，有利于为货币政策操作框架转型创造条件
2016 年 2 月 6 日	央行《2015 年第四季度中国货币政策执行报告》	疏通货币政策传导渠道，从量价两方面为结构调整和转型升级营造适宜的货币金融环境
2016 年 8 月 5 日	央行《2016 年第二季度中国货币政策执行报告》	健全货币政策传导机制，为货币政策调控框架转型创造条件
2017 年 2 月 17 日	央行《2016 年第四季度中国货币政策执行报告》	努力畅通货币政策传导渠道和机制，保持总量稳定、促进结构优化
2017 年 3 月 6 日	国务院《政府工作报告》	疏通传导机制，促进金融资源更多流向实体经济
2017 年 11 月 17 日	央行《2017 年第三季度中国货币政策执行报告》	努力畅通货币政策传导渠道和机制，保持总量稳定、促进结构优化
2018 年 2 月 14 日	央行《2017 年第四季度中国货币政策执行报告》	理顺货币政策传导机制，客观上也有利于市场主体形成合理的利率预期，避免金融机构过度加杠杆和扩张广义信贷
2018 年 3 月 5 日	国务院《政府工作报告》	疏通货币政策传导渠道，用好差别化准备金、差异化信贷等政策，引导资金更多投向小微企业、“三农”和贫困地区，更好服务实体经济
2018 年 4 月 12 日	国务院关于落实《政府工作报告》重点工作部门分工的意见	疏通货币政策传导渠道，用好差别化准备金、差异化信贷等政策
2018 年 5 月 11 日	央行《2018 年第一季度中国货币政策执行报告》	理顺货币政策传导机制，保持流动性合理稳定

续表

日期	出处	表述
2018 年 8 月 10 日	央行《2018 年第二季度中国货币政策执行报告》	稳健的货币政策要保持中性、松紧适度，把好货币供给总闸门，保持流动性合理充裕，根据形势变化预调微调，注重稳定和引导预期，优化融资结构和信贷结构，疏通货币信贷政策传导机制，通过机制创新，提高金融服务实体经济的能力和意愿，为供给侧结构性改革和高质量发展营造适宜的货币金融环境
2018 年 7 月 23 日	国务院常务会议	保持适度的社会融资规模和流动性合理充裕，疏通货币信贷政策传导机制，落实好已出台的各项措施
2018 年 8 月 3 日	国务院金融稳定发展委员会第二次会议	在流动性总量保持合理充裕的条件下，面对实体经济融资难、融资贵的问题，必须更加重视打通货币政策传导机制，提高服务实体经济的能力和水平
2018 年 9 月 19 日	李克强："第十二届夏季达沃斯论坛"	疏通货币政策传导渠道
2018 年 12 月 13 日	易纲："新浪·长安讲坛"	继续深化金融改革，疏通货币政策传导机制
2018 年 12 月 19 日	中央经济工作会议	稳健的货币政策要松紧适度，保持流动性合理充裕，改善货币政策传导机制
2019 年 1 月 3 日至 4 日	中国人民银行工作会议	稳健的货币政策保持松紧适度。进一步强化逆周期调节，保持流动性合理充裕和市场利率水平合理稳定。加强政策沟通协调，平衡好总量指标和结构指标，切实疏通货币政策传导

资料来源：中国人民银行网站、中国政府网等。

现阶段强调疏通货币政策传导渠道的主要原因在于信用供给端与信用需求端的多重约束阻碍了流动性的合理有效运用，流动性"淤积"会加剧泡沫的产生，从而降低金融服务实体经济的效率。从图 5－1 可以看出，金融资产增长率年均高于市场流动性增长率，并高于 GDP 增长率，表明流动性在传导环节存在淤积。

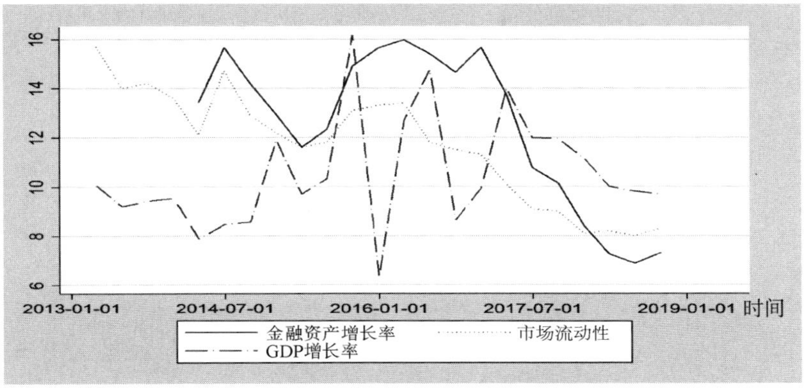

图 5－1　市场流动性与金融资产增长率的比较

资料来源：Wind。

流动性在信用供给端与信用需求端之间的传导受限体现在如下两个方面：

第一，信用供给端提供的流动性总量充裕，但业务却明显收缩。

如图 5－2 所示，信用供给端的流动性充裕主要表现在：（1）同业存单拆借利率骤降；（2）银行间市场主要债券品种银行间债券质押式回购利率下降，且总成交量上升；（3）短期投资工具 3 个月期限国债收益率经历短暂的提升后大部分时间处于下滑趋势；（4）政策利率与市场利率倒挂，Shibor7 天利率与 7 天逆回购利率出现倒挂现象，1 年期国债收益率与公开市场操作逆回购利率趋于一致；（5）金融机构超额准备金率稳中有升，能提供充沛的资金供给。

尽管信用供给端流动性充裕，但在金融监管趋严、市场整体风险偏好下降的情况下，信用供给却有收缩之势。（1）如图 5－3 所示，1999—2018 年，中国的商业银行总资产构成中，贷款类资产占比约为 57%，而发达国家贷款类资产占比超过 70%。贷款类资产中有大约 20% 的资产用于金融机构之间的同业往来，信用供给有限。（2）实体经济的融资成本上升，

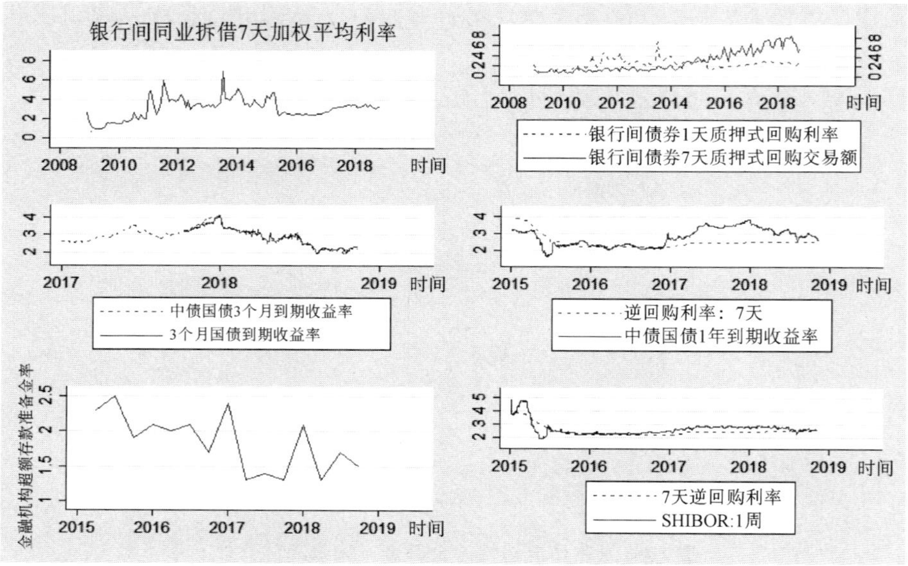

图 5-2 信用供给端流动性充裕

资料来源：Wind。

如图 5-3 银行贷款基础利率上浮的金融机构占比上升，且基准利率上浮 30% 的金融机构占比也在上升。贷款类信托产品融资利率上升，同业存单发行利率缓慢上升。（3）短期利率下降，并没有带动长期利率下行，10 年期国债和 1 年期国债期限利差持续扩大，资金淤积在短期资产中，并未向长期资产转移。

第二，信用需求端在融资需求下降的情况下，依然出现融资难、融资贵的问题。

2018 年 7 月，中国人民大学财经金融学院等联合发布的中小企业金融服务白皮书《中小企业金融服务变革与金融科技前沿发展》报告，截至 2016 年年底，全国工商注册登记的中小企业占全部注册企业总数的 99%，但截至 2017 年年末，国内小微企业贷款余额 30.74 万亿元，仅占银行贷款总余额的 24.67%，中小微企业正规部门融资缺口接近 14 万亿元，融资缺口率达 43%，占 GDP 比重为 17%。此外，中国受融资约束的中小微企业

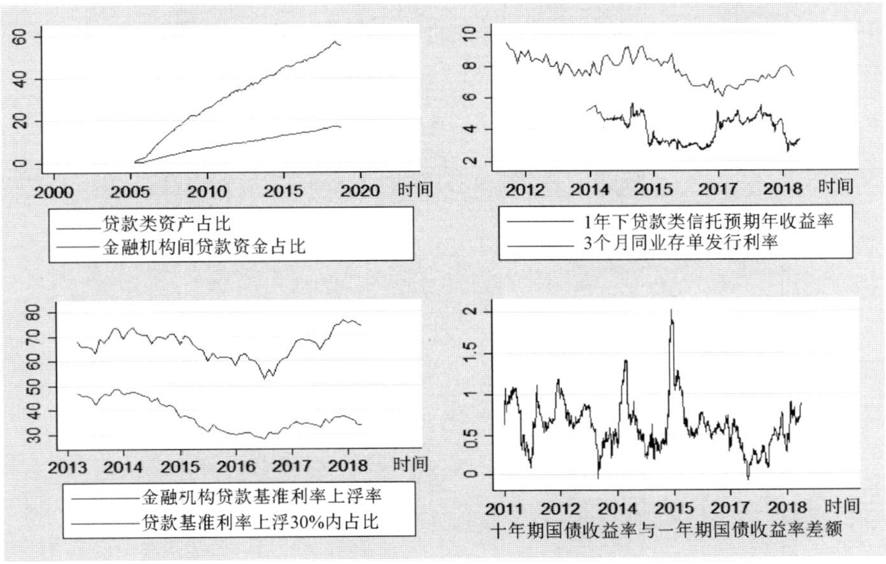

图 5－3 信用供给收缩

资料来源：Wind。

总数达 2300 多万家，微型和中小企业中受融资约束的比例分别为 41% 和 42%，中小企业面临严重的融资需求困境。

从融资总量来看，“三去一降一补”政策措施的实施使得环保、基建等制造业、房地产业等领域的融资需求下降。从图 5－4 可以看出，制造业、非制造业等企业近年来贷款需求指数均出现了不同程度的下降。图 5－5显示，社会融资规模增速下降且低于人民币贷款增速。M1 增速低于 M2 增速，企业活期存款下降，经济主体倾向于持有较少的流动性资金，即期有效需求下降；从融资结构来看，图 5－4 显示，小微企业的贷款需求指数高于大中型企业的贷款需求指数，企业融资不均衡现象突出；从融资成本来看，银行贷款利率持续上浮，温州民间信用贷款利率持续上升，融资贵现象依然突出。

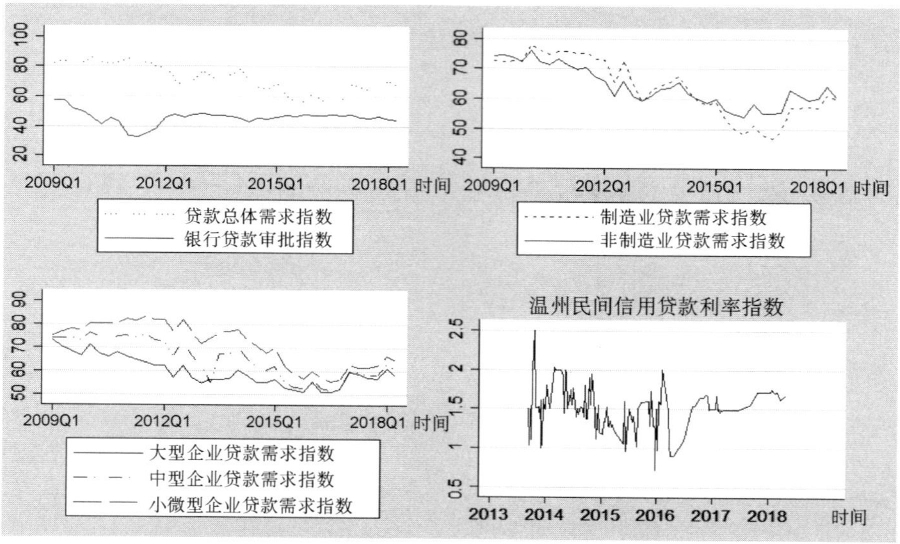

图 5－4　信用需求下降与融资贵现象的指数反映

资料来源：Wind，中国人民银行。

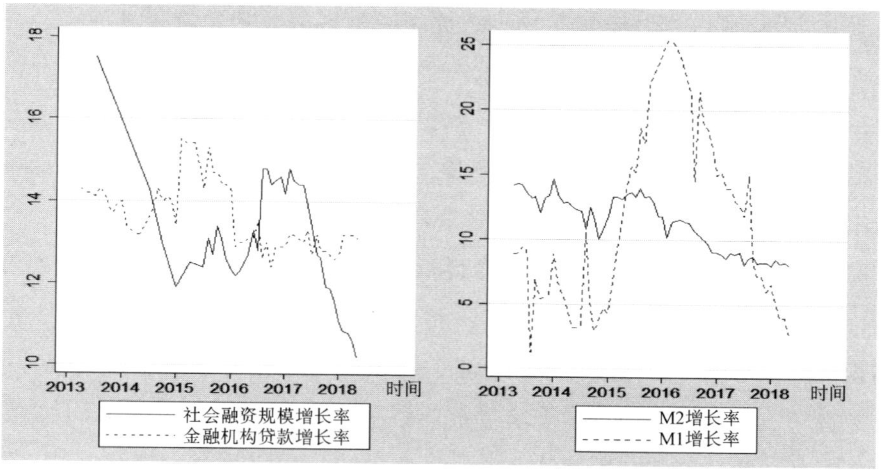

图 5－5　信用需求下降的货币表现

资料来源：Wind。

第二节　货币政策传导渠道的内涵与特点

一、货币政策传导渠道的内涵（见图 5-6）

货币政策对宏观经济影响的研究起始于 Friedman 和 Schwartz（1963），此后相当多的学者都认为货币政策会对宏观经济有影响，但影响的原因和路径不尽相同。货币政策框架是归纳货币政策决策到货币政策最终效应的作用体系，货币政策框架包括最终目标、中间目标和货币政策工具，三者之间以货币政策传导机制相联系。货币政策传导渠道是货币政策传导机制的直接表现形式，由于货币政策传导从决策至影响最终目标受信号响应、微观预期及目标结构等特征因素的影响，货币政策传导具有典型的动态性与非一致性特征，货币政策传导渠道的相关研究结论尚未形成共识。

对货币政策传导渠道的研究最早可以追溯到 1776 年 Adam Smith 的《国富论》，Adam Smith 秉承货币中性论与货币政策非有效论，认为货币政策引起的利率调整将使得货币供应量出现相同的变化，因此仅仅引起通货膨胀水平的同等变化，总产出并不会改变。1936 年 Keynes 发表《就业、利息和货币通论》反对古典经济学的货币中性论，并认为由于流动性偏好与失业的存在，通货膨胀水平并不会随名义利率作相同幅度的调整，货币在短期内非中性，因此货币政策会影响经济产出。货币学派和理性预期学派则进一步拓展货币非中性特征，奠定了货币政策逆周期调节的理论基础，拓宽了对货币政策传导渠道的研究。

从相关文献来看，货币与其他资产的相对替代程度是货币政策传导渠道争议的关键点。据此，Mishkin（1995）将货币政策传导渠道分为“货币渠道”和“信用渠道”两大类。“货币渠道”认为金融资产只有货币和债券两种形式，银行贷款是一种形式的债券，货币政策传导通过金融资产间的相对价格变化来影响产出（Tobin，1969）。这一观点是建立在完全信息的金融市场和资产完全可替代性的假设基础上，忽略了金融市场的结构摩擦和信息不完全等问题。“信用渠道”是随着信息经济学的发展而逐步完善的（Stiglitz 和 Weiss，1981）。Bernanke（1988）随后提出了“信用渠道”的存在性。这一观点基于两个重要的前提条件：一是对于银行资产负债表的资产方，银行贷款与证券类资产不能相互替代；二是对于企业资产负债表的负债方，银行贷款与非银行资金来源之间不能相互替代。“信用渠道”认为金融市场中的信息不对称使得企业内源融资资金成本与外源融资资金成本存在差异，资产不可替代性会使得信贷供给冲击直接削弱借款企业的投资行为，并最终影响产出（Kashyap 和 Stein，2000）。

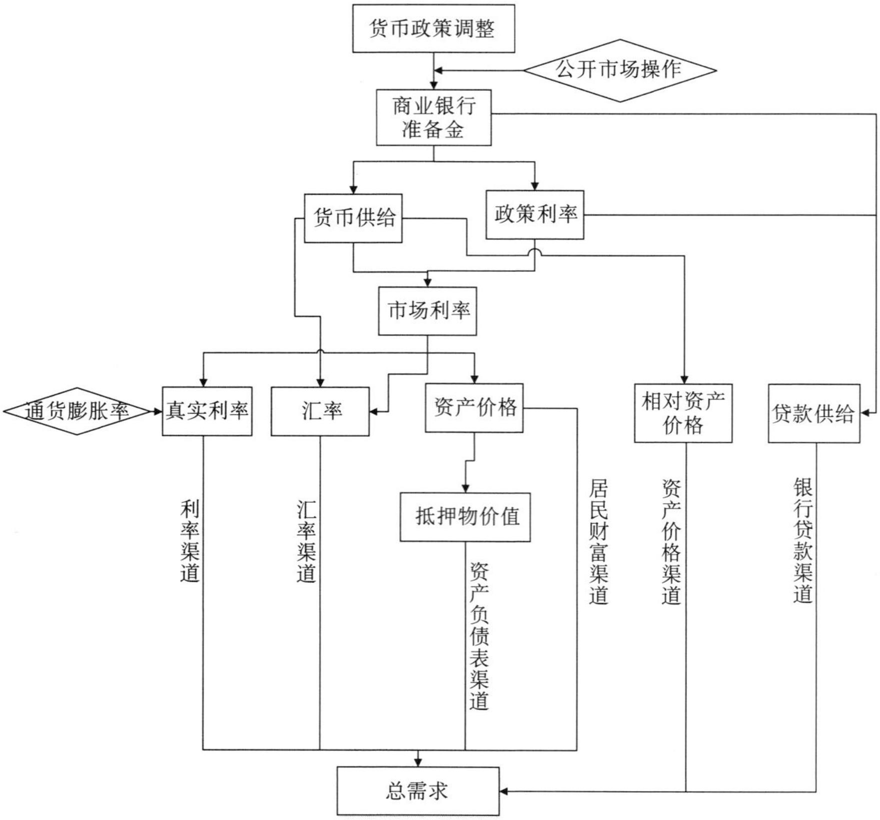

图 5－6 货币政策传导渠道内涵

二、货币政策传导渠道的理论基础

货币政策传导渠道理论目前形成了成熟的理论基础（见图5－7）。

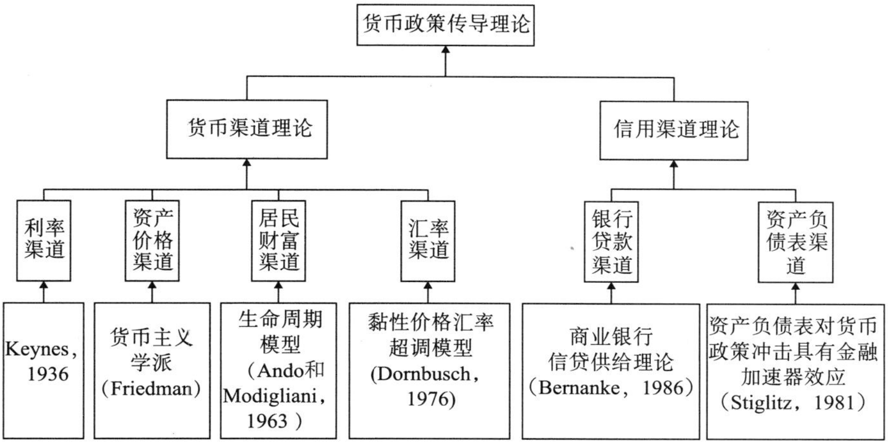

图5－7 货币政策传导渠道理论

1. 货币渠道理论

在完全信息的金融市场中，由于无息的货币资产和有息的债券资产具有完全可替代性，资产间的相对价格变化极易引起产出的变化，因此可以通过调节经济中的货币供应量，并通过影响利率来影响总需求，这构成了货币渠道的理论基石。以利率和货币供应量分别为传导的中间变量，货币渠道又可以分为利率渠道、资产价格渠道、居民财富渠道及汇率渠道。

Keynes 最早于 1936 年提出利率在货币政策传导中起着关键性的作用，剔除通货膨胀因素的真实利率而非名义利率决定着消费和投资，同时价格黏性、工资刚性和预期是利率渠道传导中至关重要的因素；20 世纪 50 年代，以 Friedman 为代表的货币主义学派对利率传导渠道提出了批判，他们认为货币供应量在货币政策传导中起着关键性的作用，在货币与其他资产完全替代的情况下会通过资产价格的相对变化来影响产出，资产价格传导渠道更为直接和迅速；凯恩斯主义和货币主义对货币单方面作用的解释争议较久，在此争议下，Ando 和 Modigliani（1963）提出了居民财富渠道理论，依赖于财富对消费的影响来实现货币政策通过资产价格的传导机制；由于浮动汇率制的出现和经济体开放程度的深化，汇率对总产出的影响日益突出，Dornbusch（1976）提出了黏性价格汇率超调模型，汇率效应与利率效应通过利率—汇率平价机制共同影响净出口，从而影响产出。

由于“货币渠道”的严格假设与事实相违背，该理论存在较大的局限性，相当多的学者对该理论的有效性提出了质疑（Bernanke 和 Gertler，1989；Koivu，2009；Boivin 等，2010；Gertler 和 Karadi，2013）。

2. 信用渠道理论

Roosa（1951）指出货币渠道理论着重强调金融机构资产负债表中的负债方，而忽视了以银行信贷为主的资产方。在银行信贷与金融资产不可完全替代的条件下，由于信息不对称与金融摩擦存在，信贷市场无法通过利率来达到供需均衡。加之逆向选择与道德风险的存在，货币供给的内生性会使得商业银行等金融中介以信贷配给等手段来调节信贷供给，最终会影响投资和消费。Bernanke 和 Gertler（1999）根据银行在货币政策渠道传导中的作用，将信用渠道分为银行贷款渠道与资产负债表渠道。银行贷款渠道强调商业银行能有效降低信息不对称产生的逆向选择和道德风险等交易成本，这决定了银行贷款渠道是重要的货币政策传导渠道（Bernanke，1986）。资产负债表渠道论述资产负债表调整对货币政策冲击具有金融加速器效应（Stiglitz，1981），货币政策通过影响利率水平和借款人的资产负债情况，来影响借款人的融资成本，进而影响借款人的投资活动。

三、货币政策传导渠道的影响因素

货币政策传导渠道本质上是利用货币政策方法与工具来实现货币政策最终目标的途径，因此货币政策传导链条历经多种经济政策环境并覆盖多个市场主体，货币政策传导渠道受多种因素的影响从而表现出复杂的特性。货币政策传导中的决策和执行主体为中央银行，微观主体包括商业银行、企业和居民，涵盖市场包括信贷市场、资本市场、货币市场、外汇市场，宏观经济环境包括经济和金融周期、外部风险冲击、市场竞争程度等，此外监管制度环境也影响着货币政策传导机制的实现。由于各方面环境条件的差异，学术界对货币政策传导渠道影响因素的研究结论也不同（见表5－2）。

表5－2　　　　货币政策传导渠道的影响因素

	微观基础研究分类	文献	主要研究结论
商业银行微观经营行为	规模	Kashyap 和 Stein，2000；徐明东、陈学斌，2011	研究结论较为一致，即商业银行规模对货币政策传导效应影响为负
	资本充足率	Altunbas 等，2002；刘斌，2005；王周伟、王衡，2016	研究结论较为一致，即低资本充足率对货币政策传导更敏感
	市场结构	Rajan 和 Zingales，2003；董华平、干杏娣，2015；刘莉亚、余晶晶，2018	商业银行竞争能提高货币政策传导的效率
	绩效考核	冀志斌、宋清华，2013	货币政策冲击对高管高低薪酬银行的信贷供给表现不同，相对低薪酬银行，高薪酬银行信贷供给受货币政策冲击影响要高，证实高管薪酬在银行贷款渠道传导中发挥了重要的作用
	产权结构	Brei 和 Schclarek，2015；冯科、何理，2011	研究结论不一致，相比民营银行和外资银行，国有银行货币政策信贷传导效率更低或更高
企业	规模	Bougheas 等，2006；饶品贵、姜国华，2013	研究结论较为一致，即中小企业是货币政策传导渠道的主要作用对象
居民	居民消费储蓄行为	陈学彬等，2005	预防性储蓄增加会降低居民消费储蓄对利率的敏感度，从而削弱货币政策传导效率
中央银行	央行沟通	Woodford，2001；Woodford，2005；张鹤等，2009；汪莉、王先爽，2015	研究结论较为一致，即央行沟通能强化预期，增加货币政策传导效率

续表

	微观基础研究分类	文献	主要研究结论
宏观经济环境	金融脱媒	Tan 和 Goh，2009；伍戈、刘琨，2013	研究结论不一致，部分学者认为金融脱媒会降低投资的利率弹性或者减弱货币政策数量传导渠道，从而减弱货币政策的传导效率；部分学者认为金融脱媒会提升总需求的利率弹性或者增强信贷的配置效率，提高货币政策的传导效率
	金融创新	Norden 等，2014；Funke 等，2015；战明华等，2018	研究结论较为一致，即影子银行、信贷衍生品等金融创新会弱化货币政策传导效率
	金融波动	Mishkin，2009；马勇等，2017	研究结论较为一致，即金融稳定有助于提升货币政策传导效率
	经济发展程度	裴平、熊鹏，2003；中国人民银行营业管理部课题组，2008	研究结论较为一致，诸如公众心理预期、收入分配差距过大、区域经济发展不平衡等会阻碍货币政策传导
监管政策	巴塞尔资本协议	Borio 和 Zhu，2008；Li 等，2011；黄宪等，2012	研究结论有分歧，部分学者认为资本监管会阻碍货币政策传导；部分认为资本监管有利于货币政策传导效率提升
外汇市场	资本流动	Glick 和 Hutchison，2009；Djedaiet 和 Ayad，2017；徐明东、田素华，2007；王艳真等，2018	国际资本流动会削弱货币政策传导效率

四、国内外货币政策传导渠道的比较

1. 除中国外主要经济体货币政策传导渠道

美联储的货币政策工具历经变化与调整，在 20 世纪 20 年代大萧条结束以前，美联储货币政策的独立性和有效性一直受到质疑。随着 1951 年 3 月《财政部—联邦储备体系协议》的签订，美联储摆脱了财政部附庸的角色，标志着美联储独立时代的开始。在 20 世纪 80 年代以前，美联储使用货币供应量作为货币政策中介目标，并对保持价格稳定等最终目标起到了一定的效果（Litterman 和 Weiss，1985）。此后，由于金融创新和金融市场发展，货币供应量可测性与可控性削弱，并与货币政策最终目标的联系大大减弱。美联储开始搜寻新的货币政策中介目标。Bernanke 和 Blinder（1988）研究指出联邦基金利率对各种经济指标具有显著的预测作用，Taylor（1993）随后创立短期利率操作的泰勒规则，至此美国政府宣布采用联邦基金利率为中介目标的货币政策规则。

欧盟地区以德国中央银行的调控框架为主，经过了以货币供应量为货币政策中介目标的“数量型”政策调控到以再融资利率为货币政策中介目标的“价格型”调控的转型。2003 年欧盟正式建立起货币政策价格型调控框架，利率传导渠道对投资直接和间接效应提供了 80% 的解释，由此表明了利率传导渠道的有效性。

2008 年全球金融危机之前，欧美国家主要通过“利率走廊”的利率传导渠道来引导短期利率。2008 年全球金融危机之后，欧美国家均采取了非常规的货币政策来防止危机蔓延。在零利率约束下，传统的利率传导渠道梗阻，无法通过降低短期利率来影响中长期利率。因此欧美国家采用量化宽松操作、流动性支持、超低利率承诺、大规模购债等方式来提高资产价格，降低金融市场资产收益率，以稳定公众对未来低利率的预期，从而降低中长期利率水平，提高总产出。

对新兴市场经济体而言，1998 年亚洲金融危机以来，印度、墨西哥、马来西亚、巴西、泰国等新兴市场经济体金融深化和自由化程度越来越高（Mohanty 和 Turner，2008），以货币供应量为主的货币政策调控体系有效性逐渐减弱，最终新兴市场经济体在 2008 年世界金融危机前后建立起利率为主要中间目标的货币政策调控框架。

2. 中国货币政策传导渠道

1994 年中国人民银行正式组建成立后，随着金融市场的不断完善与发展，货币政策传导渠道才逐渐由货币信贷配给和固定资产投资为主的直接传导向以货币供应量、利率等为中间目标的间接传导转变。学术界对中国货币政策传导渠道的研究得出了不同的结论。

大部分学者认为，由于中国的利率管制、汇率市场与货币政策相互牵制、股票市场深度和广度不够、间接融资为主等市场环境的制约，中国的货币政策传导渠道以信贷渠道为主（Koivu，2009；盛松成、吴培新，2008；战明华、应诚炜，2015）。王振山、王志强（2000）利用1981—1998年的年度数据和1993—1998年的季度数据进行研究，实证结果表明信贷渠道是中国货币政策传导的主要渠道。战明华、应诚炜（2015）以1997—2007年中国非上市公司为研究对象，考察货币政策对企业投资和自由现金流敏感度的影响，验证了货币政策信贷传导渠道。

也有少部分学者认为，由于利率市场化等因素使得货币渠道更占优（张辉、黄泽华，2011；盛松成，2012），陈飞等（2002）利用1991—2000年数据论证了货币渠道对产出的有效性。孙明华（2004）利用1994—2003年的季度数据验证货币渠道对实体经济影响更为显著。盛松成（2012）认为由于货币乘数和货币流通速度波幅较大，信贷渠道对经济的影响有限。

3. 主要经济体货币政策传导渠道差异的原因

利率传导渠道这类价格型货币政策的操作目标在于通过对短期利率的调节来影响长期利率，从而影响总需求与产出（Woodford，2001、2004）。利率期限结构假说给出了货币政策利率传导渠道作用的理论解释，该假说描述在相同的风险结构下，由于到期期限不同所产生的利率差异。利率期限结构假说由预期理论、市场分割理论、流动性溢价理论与期限优先理论构成，这一理论体系论述了投资者对不同期限资产流动性的偏好，从而可以由短期利率变动来确定长期利率的变化。发达经济体国家早已实现了利率市场化，货币政策的平滑性较好，期限溢价效应显著，投资的利率弹性较大能增强利率渠道传导的预期效应，市场能形成稳定的预期，从而更有助于利率渠道的传导。在预期效应较强且具备发达金融市场的情况下，发达经济体国家多采取货币政策利率传导渠道（周小川，2004）。事实证明，利率渠道在调节信号强度和反馈时滞方面也优于信贷渠道，货币政策当局通过多种政策辅助来引导市场预期，如进行前瞻性指引（Moessner和Nelson，2008；Kool 和 Thornton，2012），建立较为完善的货币政策沟通机制，将货币政策执行情况向公众进行充分的沟通交流。

中国货币政策环境与发达经济体国家不同，利率传导渠道不畅的主要原因存在于以下五个方面：一是中国金融体系政策性约束较多，金融抑制程度较深，中央银行独立性欠缺，对数量型货币政策和审慎管理工具过于依赖不利于货币政策利率传导；二是债券市场管制较多，债券市场的流动性和衍生品不足等问题使得债券市场的利率传导效率远远低于发达国家；三是中国货币政策的平滑性较弱，特别是与发达经济体的差距较大，具有较强的相机抉择特点，导致利率短期波动增强，也不利于引导市场形成稳定的预期（张屹山等，2017）；四是影子银行金融产品监管匮乏，使得影子银行产品干扰了货币市场、债券市场等产品的定价，金融衍生品市场、银行资产证券化等市场发展不成熟，且对金融产品创新的管制过严，影响了利率传导效率；五是地方融资平台和大型国有企业存在软预算约束、刚性兑付和过度投资等行为，导致投资对利率的敏感性不足。

第三节　疏通货币政策传导渠道的难点

随着世界经济一体化的发展及各国货币政策的外溢效应日益显著，货币政策独立性、资本自由流动与固定汇率的三元悖论使得国内货币政策保持独立性愈发艰难。利率市场化改革带来的新的环境、货币政策独立性欠缺与当前杠杆率结构性调整等因素带来的经济金融波动性增加，对疏通货币政策传导渠道构成了新的难题和极大的挑战。

一、货币政策传导渠道效率的评判标准不统一

货币政策传导渠道效率问题即回答从货币政策操作到预期目标间作用机制的有效性（Tobin，1969），具体来说其有效性体现在货币政策预期调节效应存在性与货币政策预期调节效应评价方面，而目前对货币政策不同传导渠道效率的评判标准与效率大小检测莫衷一是。

关于货币政策预期调节效应“存在性”问题目前得到了较为一致的研究结论。新古典学派、新凯恩斯主义、货币主义理论等分别从利率变动对工资的短期性影响、资产价格波动对总产出的影响、货币数量变化对投资与总产出的影响等方面对 Fisher（1933）提出的“货币中性”提出了反驳，认为“货币短期非中性”（Keynes，1936；Tobin，1969；Bernanke 和 Mihov，1998）。货币政策有效性问题也从现实经验数据方面得到检验（Rudebusch 和 Svensso，2002；钱雪松等，2015）。但是由于货币政策有多种传导渠道，每种传导渠道作用对象不同，因而对货币政策不同传导渠道的预期调节效应评判标准有分歧。对利率渠道传导效率围绕利率弹性来定义评判标准，但对利率弹性的定义并不相同。部分学者将利率渠道传导效率定义为资产的利率弹性（陈学彬等，2005），也有的学者将此定义为货币市场资金成本的利率弹性（钱雪松等，2015）。

对信贷渠道传导效率的评判标准分别从总量角度和融资结构性调节角度来衡量货币政策传导效率，但衡量标准也不统一。一种观点侧重于信贷配置效率的角度，认为对货币政策信贷渠道传导效率的检验在于商业银行信贷配置效率的高低，信贷配置更倾向于投资效率高的企业则货币政策信贷渠道传导效率高（Maggio 和 Kacperczyk，2016；Giroud 和 Mueller，2017；饶品贵、姜国华，2013；杨兴全、尹兴强，2017）。另一种观点认为货币政策信贷渠道传导高效率体现在同等货币政策能增加的信贷供给数量（Altunbas 等，2002；Kashyap 和 Stein，2000；Brei 和 Schclarek，2015；索彦峰、陈继明，2008；徐明东、陈学彬，2011；刘莉亚、余晶晶，2018），还有观点直接将信贷影响经济的程度作为信贷渠道传导效率的指标（蒋瑛琨等，2005；张承惠等，2003）。

中国的货币政策传导渠道以信贷渠道为主，衡量货币政策信贷渠道传导效率的评判标准目前有总量、融资结构、经济影响效果等多种角度，尽管学者的研究大多从一个角度来测度效率，但这些效率测度角度并不是对立与孤立的。总量与结构分别是从宏观和微观角度评判货币政策传导效率的方式。总量与结构两种角度综合能反映信贷供求关系，货币政策调节引致的信贷供给数量变化能反映信贷供给情况，而商业银行信贷配置能反映信贷需求情况。单方面从总量角度衡量货币政策传导效率容易引起追求商业银行信贷供给，在流动性不畅的情况下可能出现流动性淤积，并引起资产价格泡沫，降低货币政策实现最终目标的效果；单方面从结构角度衡量货币政策传导效率容易引起结构性调整失衡，在总量不达标的情况下，结构性调整失衡会使得融资需求结构性矛盾进一步激化，从而阻碍经济发展速度与效果。因此，衡量货币政策传导效率需要从总量与结构两方面来综合衡量，仅仅从一种角度来测度货币政策传导效率不仅不能反映真实的融资供给与需求状况，还易引起经济金融发展失衡与资产价格泡沫等多种问题。

二、货币政策传导渠道受阻情况下提高货币政策效率

“十三五”规划提出，要构建目标利率和利率走廊机制，推动货币政策由数量型调控为主向价格型调控为主转变。Boivin 等（2010）总结货币政策利率传导渠道的经典路径为，首先货币政策当局通过货币政策工具影响货币市场短期利率，其次货币市场短期利率通过债券市场上的跨期套利机制来影响债券市场的中长期利率，最后债券市场的中长期利率通过跨市场套利机制来影响信贷市场的中长期利率。利率传导渠道效率取决于短期利率与中长期利率间的收益率曲线结构。尽管中国利率市场化取得显著进展，利率传导效率有所提高，但利率传导效率依然低下。中国人民银行《2018 年第一季度中国货币政策执行报告》指出，存贷款基准利率和市场利率“两轨”并存，存在存款“搬家”现象，一定程度上推动银行负债短期化、同业化，资金稳定性下降，成本上升。利率“两轨”并存，商业银行负债同业化带来的资产端久期降低，都将影响基准利率向长期利率传导的效率。

在货币政策利率传导渠道不畅的情况下，货币政策信贷传导渠道是主要传导渠道，但目前货币政策信贷渠道传导也依然受到种种限制，降低了货币政策效率。货币政策信贷渠道传导渠道发挥作用的关键在于信贷对经

济的支持幅度与质量。近年来金融脱实向虚、资产价格泡沫膨胀、金融资产增长率高于 GDP 增长率等现象也映射出货币政策信贷传导渠道受阻。

货币政策信贷渠道传导受阻的主要表现之一即商业银行的惜贷行为。在经济下行期，一方面，商业银行不良资产加速暴露，对风控的管理会造成惜贷行为；另一方面，商业银行对短期化负债成本波动的担忧抑制了长期投资；再一方面，在资本充足率监管要求下，预期企业偿债能力减弱也会导致商业银行更加谨慎放贷。货币政策信贷渠道传导受阻的另一主要表现是大型国有企业的信贷挤占行为。Wind 数据显示，2008 年以信贷支持经济发展以来，国有部门和私营部门在信贷融资上呈现两极分化趋势，私营工业企业负债仅仅占所有工业企业负债的 20% 左右，但贡献产值和利润却占所有工业企业总额的 40% 。

三、金融周期波动情况下疏通货币政策传导渠道

金融周期是经济主体对风险资产价值的认知与融资约束所引发的繁荣与萧条的周期循环（Borio，2014），一般认为由于美元等强势货币在国际支付体系中的重要作用，货币政策溢出效应愈加显著，进而引发全球金融周期波动（Bauer 等，2016）。在资本自由流动条件下，一国货币政策会受到全球金融周期的影响而无法独立（Rey，2015）。开放条件下，中国货币政策独立性亦受到全球金融周期波动的影响（马勇、陈雨露，2014；裘骏峰，2015）。独立性欠缺的货币政策必然使得央行在制定货币政策时必须融入监管当局的因素，考虑对金融稳定性的影响（Christiano 等，2010；Albulescu 等，2013；马勇、陈雨露，2017），从而使得货币政策兼顾多重目标，并运用多重调节工具。兼顾多目标与运用多重政策工具的复杂性会影响货币政策传导渠道的有效运行。

在金融周期上行期的资产价格快速上涨，由于抵押品价值增加，企业借债能力增强，货币政策却并不能快速稳定资产价格和信贷增速（Borio 和 Lowe，2002），金融加速器效应却牵制了货币政策传导渠道正常发挥作用。由于商业银行的顺周期特征与货币政策的逆周期性，在金融周期下行期的

“宽货币、紧信用”也会阻碍货币政策的传导渠道发挥作用（Mishkin，2011）。同时，在金融周期急剧波动下，金融中介部门的脆弱性会影响货币政策的有效传导（Angeloni 等，2015）。

当前，美国、日本、欧盟等发达经济体的经济形势和宏观政策分化使得中国宏观调控的外部环境更为复杂。美联储消减资产负债表将导致全球范围内的流动性收缩，未来欧元区国家和日本经济形势变化将加剧欧元、日元的汇率波动，全球金融周期波动加剧。在此情况下，如何疏通货币政策传导渠道成为新的难题。

四、金融市场尚不发达情况下疏通货币政策传导渠道

货币政策的传导过程包括中央银行控制自身资产负债的能力、商业银行对流动性量价变化也即对基础货币变化的反应方式，以及商业银行调控自身资产负债的能力三个环节，这三个环节都与金融市场的成熟程度紧密相关（孙国峰，2017），因此发达高效的金融市场是货币政策传导渠道畅通的基础。

中央银行通过对流动性的控制来间接调控商业银行的经营行为，货币政策操作需要有相应的载体规模来实现流动性调控的目标，因此高流动性和发达的场外债券市场成为中央银行公开市场操作调控商业银行流动性的主要载体（戴根有，2003）。快速发展的银行间债券市场对疏通货币政策传导渠道发挥了重要的作用，Wind 数据显示，银行间债券市场得以迅速发展，截至 2018 年 6 月，银行间债券市场托管余额为 79.4 万亿元。具有相当广度和深度的债券市场价格能迅速体现出利率的影响，从而使得货币政策信号快速影响公众预期，增强货币政策传导效率。但当前债券市场并未完善，银行间债券现券仅占银行间债券存量的 20%；适合商业银行流动性管理的一年期及以下短期国债品种欠缺，主要券种持有人结构中个人投资者持有比例较少（见图 5-8）。商业银行资产管理空间受限及非银行公众资产结构单一不利于资产结构调整，降低了货币政策传导渠道效率。

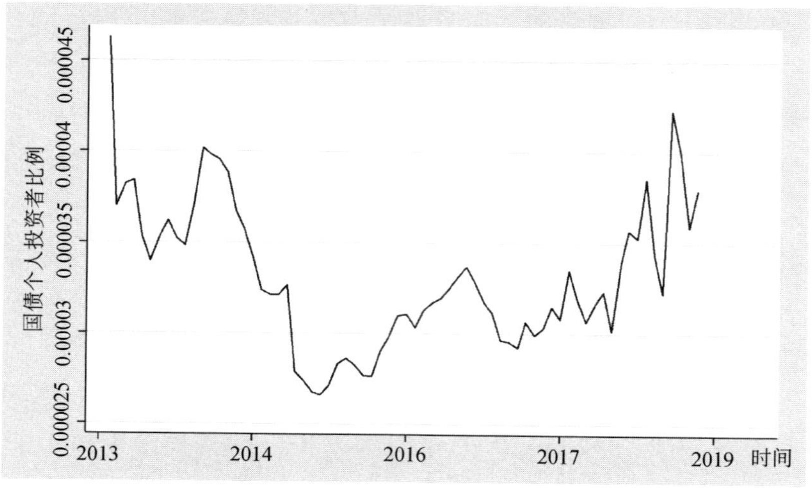

图 5－8 国债个人持有者比例示意图

资料来源：Wind。

此外，中国金融市场存在较为严重的市场分割问题，制约了货币政策传导渠道的有效性（徐忠，2018）。主要表现为三个方面，一是货币市场与债券市场存在交易所和银行间两个不同的市场，市场被人为分割。交易所市场对信息的吸收能力较强，利率水平和波动都高于银行间市场（徐小华、陈琦，2014），这会扰乱市场的预期和中央银行的流动性管理。二是金融市场产品不够完善，利率衍生品市场发展滞后。流动性较强、换手率较高的债券品种有利于债券市场的价格发现，但目前以牺牲市场流动性的质押式回购占据主要份额，买断式回购和同业拆借市场占比较少。并且由于监管限制，利率衍生品不足，价格发现产品欠缺。三是利率双轨制存在，金融机构产品定价能力不足。存贷款基准利率和货币市场短期利率这种事实上的利率双轨制会降低货币政策传导效率（易纲，2018）。此外，信贷资产证券化是信贷利率传导的重要途径（蔡浩仪、徐忠，2015），但中国信贷资产证券化产品起步晚且结构不均衡。2012 年重启信贷资产证券化后，信贷资产证券化结构以信贷资产支持证券为主，消费信贷为辅。由于产品信息不对称严重，定价困难，也不利于货币政策传导渠道有效发挥作用。

五、财政政策与货币政策冲突的情况下疏通货币政策传导渠道

Sargent 和 Wallace（1981）在研究财政政策与货币政策搭配时指出，财政政策会影响货币政策操作。主动财政政策搭配被动货币政策的政策体制不仅在宏观调控中会引起经济较大幅度波动，而且使得货币政策易松难紧。财政政策空间在持续收窄的情况下，会倒逼央行推行量化宽松政策来拓展财政政策空间（Davig 和 Leeper，2011；Schenkelberg 和 Watzka，2011）。财政政策对货币政策的干预会削弱货币政策熨平经济周期的能力，使得中央银行无法独立自主制定和调整货币政策。中央银行的目标独立性与工具独立性是中央银行独立性的标志（Debelle 和 Fischer，1995），在中央银行更关心通货膨胀目标与政府更关心经济增长、充分就业目标的协调冲突下，增强中央银行的独立性有助于提高货币政策传导的效率（Keefer 和 Stasavage，2003；Crowe 和 Meade，2007）。

在中国，1998 年前在信贷规模计划管理时期，中央银行的信贷调控一直受地方政府财政的约束。1990 年社会主义市场经济体制确立后，中央银行实行以货币供应量这一数量型中间目标为主的间接货币调控模式。在以 GDP 为导向的增长模式下，地方融资平台、国有企业和房地产企业等大量预算软约束部门，有强烈的债务扩张动机（周黎安，2007；纪敏等，2017）。投资冲动难以遏制，信贷需求强烈，货币政策易松难紧，增加了货币政策定向调控的难度。预算软约束部门由于存在隐形担保降低了信用溢价，更容易获得金融部门的授信支持，挤出了有效率的民营企业融资（纪洋等，2016），降低了货币政策传导效率。财政政策具有明显的逆周期相机调控特征，并通过施加于货币政策的多目标调控方式，降低了中央银行的独立性，不利于公众形成合理预期，阻碍了货币政策传导渠道的畅通。

第四节 疏通货币政策传导渠道的可行性与途径

一、疏通货币政策传导渠道的可行性

1. 货币政策实施效果

中国货币政策取向由紧到松分为“从紧”“适度从紧”“稳健”“适度宽松”和“宽松”五个区间（孙国峰，2018），在2008年末到2010年间为提升经济实施过“适度宽松”的货币政策，此后货币政策转向稳健。2018年后由于国内经济金融结构性矛盾突出，央行采取了结构性货币政策来缓解强监管引致的社会融资规模下降的经济形势。总体而言，货币政策维持了和实体经济相匹配的状态。

货币政策传导机制表现为央行通过政策工具的调整来影响中间目标并传导到最终目标。在数量型货币政策框架为主的情况下货币政策中间目标主要为货币供应量。货币供应量是由货币乘数和基础货币决定的，短期货币乘数较为稳定的情况下，基础货币是货币供应量的决定因素。当前，央行的基础货币投放主要有四种渠道：一是公开市场操作业务买入证券或逆回购交易，二是以再贷款或再贴现等形式向商业银行授信，三是买入外汇资产，四是财政支出（张成思、孙宇辰，2018）。从操作规模来看，主要的投放渠道为向商业银行授信和买入外汇资产。2007年全球性的经济危机后对外投资萎靡，外汇占款对货币供给的影响较之前下降，向商业银行授信成为重要的基础货币投放渠道，这也印证了信贷渠道是货币政策传导的主要渠道。

央行通过各种货币政策工具向商业银行授信，货币政策传导渠道畅通与否的关键因素在于货币政策工具的调控效力。当前，货币政策工具使用更加灵活，包括普惠金融定向降准、部分金融机构存款准备金率置换中期借贷便利（MLF）、中期借贷便利（MLF）担保品范围扩大、抵押补充贷款（PSL）、常备借贷便利（SLF）、再贷款和再贴现限额增加等措施。结

构性货币政策可以通过成本效应、信号渠道等方式降低市场利率、引导利率期限结构，从而改善融资条件（孙国峰，2017），但引导效果值得商榷。结构性货币政策工具的实施大多需要商业银行提供合格的抵押品或质押品，相比中小型商业银行来说，大型商业银行更有实力提供充足的抵押品或质押品，因此中央银行在通过结构性货币政策工具投放流动性时向大型商业银行投放的流动性占较大比重。另外，大型商业银行与中小型商业银行的信贷资源配置结构截然不同，中小型商业银行对中小型企业的融资支持力度高于大型商业银行，这种不同造成中小型商业银行的货币政策信贷渠道传导效率要高于大型商业银行（刘莉亚、余晶晶，2018），在中小型商业银行获取央行投放流动性不足的情况下，对中小型企业的融资支持效果打折扣，从而影响了货币政策的传导效果。

2. 疏通货币政策传导渠道具备的条件

货币政策传导路径中的要素信息对货币政策传导渠道是否通畅起着至关重要的作用。这些要素信息包括货币政策制定与执行机构的独立性，可行和完善的货币政策框架，健全的金融市场特别是金融中介建设，监管政策的可操作性与信息透明，金融制度环境支持及货币政策目标的可得性。目前各类要素得到初步完善，一是央行货币政策职能部门调整更加彰显货币政策独立性；二是央行制定了一系列措施来完善货币政策框架，推进货币政策框架从数量型向价格型调控方式的转型，包括放开存贷款利率限制、取消存贷比、构建利率走廊模式、创新货币政策工具、完善收益率曲线、构建宏观审慎评估体系等；三是金融科技助力金融中介快速发展；四是实行货币政策和宏观审慎政策“双支柱”的监管改革，这种总量与结构性调节能协助解决资产价格的周期性波动问题，增加了货币政策的灵活性；五是利率市场化改革提高了金融中介的定价能力、丰富了金融产品、提高了金融市场的活力，并助力货币政策框架的转型；六是央行通过对价格型货币政策的深入探索使得短期货币市场利率成为重要的观测目标，货币政策中间目标更加明确与可测，基础货币与资产价格联系更为紧密从而使得央行能更为精确的动态监控流动性水平。

二、疏通货币政策传导渠道的途径

1. 完善货币政策框架，健全利率传导渠道

经过20多年市场化的金融改革，目前中国的金融市场从体量、广度和深度方面都已经具备了向货币政策价格型调控方式转型的必要条件。从市场规模来看，固定收益市场规模位列全球第三（徐忠，2018）。从金融市场深度来看，金融机构利率定价和风险管理能力明显提高，金融市场利率与存贷款基础利率关系更加紧密（Kamber和Mohanty，2018）。因此需要完善货币政策框架，健全利率传导渠道，主要包括以下几个方面：

一是明确货币政策最终目标。货币政策渠道传导效率的最终体现为利用货币政策操作工具实现货币政策最终目标的效率，单一明确的目标有助于评判和提高货币政策传导效率，目前央行货币政策目标不仅包括国际通行的降低通胀的目标，还包括GDP增速目标、就业目标、金融稳定目标、国际收支平衡目标（汇率稳定、外汇储备稳定、经常项目收支平衡等），目标多元化显然降低了货币政策传导渠道的效率。

二是消除利率双轨制，健全利率传导渠道。中国目前利率调控模式采用公开市场操作模式和利率走廊模式，调控模式与国外央行主流模式差异不大（周小川，2013），但调控效率还有待提高。公开市场操作模式旨在影响金融体系流动性来影响利率，利率走廊模式旨在依靠特定的利率操作空间来稳定市场利率。相比公开市场操作模式，利率走廊模式只需要调节利率走廊的上下限利率就能达到稳定市场利率的预期目标，就能减少调控频率和操作成本。因此推行利率走廊模式的货币政策调控方式有利于稳定市场预期，提高货币政策利率传导效率。值得注意的是，利率走廊以利率操作空间来控制基准利率的波动幅度从而影响长期利率，基准利率的选择与稳定对货币政策利率传导效率至关重要。鉴于目前的利率双轨制情形，存贷款基础利率与货币市场短期利率并行，大大降低了货币政策利率传导效率。因此，实施价格型货币政策需要稳步推进金融市场基准利率体系建设，明确只有一个政策利率，发挥SHIBOR在利率体系中的基准作用。明

确央行的政策利率与其他辅助性政策工具之间的关系，避免多种利率信号互相干扰。

三是完善货币政策决策机制，强化前瞻性指引的作用，稳定市场预期。当前国务院主导基准利率、准备金率、货币供应量的决策权，而公开市场操作和常备借贷便利（SLF）、短期流动性调节工具（SLO）、中期借贷便利（MLF）和抵押补充贷款（PSL）等利率的决策权在中央银行，货币政策工具的决策权不同导致市场信号不明。在发达经济体国家，多采用“前瞻性指引”来引导货币政策预期。由于货币政策决策机制的制约，中国央行并不能很好地发挥前瞻性指引的作用。因此，完善货币政策决策机制，增加货币政策透明度和有效指引是稳定市场预期、提高利率传导效率的有效途径。

2. 发挥货币政策工具的定价与结构性调节功能，提高信贷渠道传导效率

在当前信贷融资主导的情况下，疏通货币政策信贷传导渠道是提高货币政策效率的重要手段。信贷融资体量和配置效率是货币政策信贷传导渠道效率的直接体现，由于商业银行惜贷现象和国有企业信贷挤占现象突出，阻碍了货币政策信贷渠道的传导，因此提高商业银行的产品定价能力、风险管理能力和信贷资源配置能力，将有助于疏通货币政策信贷传导渠道，具体包括：

一是继续推进利率市场化改革，增加商业银行之间的竞争。垄断的商业银行体系会降低利率敏感性，而竞争有助于增强利率弹性，从而提高货币政策信贷渠道的传导效率（刘莉亚和余晶晶，2018）。利率市场化之后，迫于竞争的压力，商业银行会寻求主动的资产负债管理。在不同的货币政策影响下，商业银行的信贷规模会相应增加或缩小，信贷资源配置也会相应完善，从而缓解中小企业融资困境，提高货币政策传导效率。

二是发展资产证券化，提高商业银行的产品定价能力。商业银行产品定价能力是商业银行营利的关键，也是商业银行进行信贷资产管理的基础。当前商业银行以存贷款基准利率为定价基础，并不是以市场利率为定

价基础，不利于消除利率双轨制。鼓励商业银行以市场化利率为基准加点浮动利率定价，以债券收益率曲线为基准加点为中长期产品定价（马骏等，2016），可以合理引导短期利率向中长期利率传导，提高信贷增量。推动信贷资产证券化，提高商业银行资产的市场化水平，同时发展同业存单和大额存单，提高商业银行负债的市场化水平，减少商业银行负债成本波动，有助于提高长期信贷的体量和质量。

三是利用货币政策工具定价来降低商业银行成本，增加央行向商业银行提供资金的通道和工具，引导商业银行信贷投放。中期借贷便利（MLF）和抵押补充贷款（PSL）以商业银行的中长期信贷资产作为抵押，商业银行根据折价率获得基础货币，同时支付利息，利率和折价率共同构成了商业银行贷款的机会成本。对需要支持的信贷投放行业，中央银行通过提高投向相关领域贷款的折价率、扩大合格抵押品框架即可鼓励更多贷款资源向该领域倾斜，因此中央银行可以发挥政策工具的定向调控作用，调节商业银行成本，并引导商业银行信贷投放，从而提高货币政策信贷传导效率。

3. 拓展融资渠道，完善和发展资本市场

健全的金融市场是货币政策传导渠道畅通的基础，因此需要进一步深化金融改革，提高金融市场化程度，具体包括：

一是深化金融市场与金融机构改革，以缓解信息不对称与市场分割现象。放宽金融市场准入条件、发展民营银行等金融机构，以增强金融市场深度和活力，夯实货币政策传导渠道的微观基础。推动证券市场与信贷市场的融合与竞争、交易所市场和银行间市场的融合与竞争，有利于提高市场利率的敏感性，提高利率传导渠道的效率。

二是完善信用评价体系，发展债券市场。Wind 数据显示，2018 年上半年，新增人民币贷款在社会融资规模增量中占比超过 90%，商业银行几乎成为企业融资的唯一来源。基于短期利率对于债券市场的传导要优于信贷市场，因此，发展债券市场以拓展融资渠道，缓解金融抑制现象是提高货币政策传导效率的必经之途。实践中，需要完善债券的发行结构、发行方式和品种，完善二级市场做市商机制、税收和会计制度，发展利率掉期市场以扩大债券的市场流动性。大力发展征信体系，扩大债券的担保品应用，发展专业性的担保机构。适当放宽发债主体的限制，真正发挥市场评级的价格发现功能，允许不同评级的发债主体参与发行，增加企业发债来缓解流动性缺口的压力。

三是保持非信贷融资合理适度发展，拓宽融资渠道。“影子银行”对改善金融结构、拓宽融资渠道，疏通货币政策传导渠道具有十分重要的意义（Boivin 等，2010；Gertler 和 Karadi，2013）。因此需要保持信托贷款、委托贷款等非信贷融资合理适度的发展，促进其平稳增长，发挥对商业银行信贷融资的补充作用。

4. 强化并改善金融监管

鉴于目前中国货币政策必须维持金融稳定、物价稳定和经济稳定的三大目标（何德旭、张捷，2018），开放经济下货币调控的不可控性将增强，货币政策传导的预期效果难以预测，因此强化并改善金融监管是重要的选择。当前货币政策主要的信贷传导渠道涉及微观主体包括商业银行、影子银行等融资供给方，加强对融资供给方的监管对提高货币政策传导效率十分重要。相当多的学者研究指出，存贷比上限、过高的存款准备金率、对贷款的数量限制、市场准入管制、资本监管等因素会制约货币政策传导效果（Kishan 和 Opeila，2006；马骏和王红林，2014；黄宪等，2012；马理等，2013），这些限制使得商业银行不断调整资产与负债端，在资产端将贷款科目转移至买入返售、应收款项等科目，在负债端将吸收存款科目转移至同业存放、卖出回购等科目，资产腾挪会增加商业银行运营成本，并使得负债向资产运用的链条增加，从而降低货币政策传导渠道的效率。未来，统一监管、消除定价扭曲、强化资本流动性将成为疏通货币政策传导渠道的重要途径。

5. 维护货币政策独立性，注重货币政策与财政政策的协调

相当多的研究表明，中小企业、中小银行在货币政策传导渠道中发挥着重要的作用，但现实中金融抑制、融资约束、国有企业隐性担保、刚性

兑付等问题使得民营企业融资成本大幅高于国有企业，大大降低了货币政策传导的效率。因此，消除信用紧缩的市场局面不能只依靠宽松的货币政策支持，还需要发挥财政政策的结构性功能。一方面，发挥积极财政政策的引导作用，通过定向减税、转移支付等手段来鼓励和引导信贷资源向民营企业转移，加快推进硬化地方政府和国有企业预算约束的体制改革，减少政府的直接干预，让民营企业享受与国有企业相同的资本市场和商业银行信贷融资待遇，增强投资的敏感性；另一方面，通过降低企业经营压力来提升居民消费热情，降低居民负债水平；再一方面，还要完善社会保障机制，通过税收减免等来降低交易成本，打通货币向信用传导的枢纽。

第六章　新发展格局下货币政策的微观传导效率研究

本章以解决问题“新发展格局下，货币政策传导效率微观指标如何选择？货币政策传导效率有什么变化？怎么样提高货币政策传导效率？”为出发点，从微观角度论述新发展格局下货币政策的传导效率问题。本章以商业银行的效率为货币政策传导效率指标，首先创新性地建立理论模型分析了商业银行效率受影响的机制，其次选取微观数据经验验证了商业银行效率受影响的具体效果，最后得出本章的研究结论。

第一节　问题的提出

2008 年金融危机后中国商业银行经营规模与盈利水平稳步提高，2018 年全球 100 家商业银行排名中国已经有 22 家商业银行上榜，表现最为突出的是中国工商银行连续 6 年位列世界商业银行排行榜榜首①，商业银行深化改革的成效举世瞩目。尽管如此，当前的经济环境对商业银行深化改革提出了新的要求。2019 年政府工作报告提出要“加强金融风险监测预警和化解处置”，习近平总书记主持中共中央政治局第十三次集体学习时特别强调“平衡好稳增长和防风险的关系，增强金融服务实体经济能力，坚决打好防范化解包括金融风险在内的重大风险攻坚战”，在间接融资渠道为主导的融资环境下，商业银行是货币政策的重要承载体，

① 根据《The Banker》2018 年的排名统计所得。

增强商业银行服务实体经济的能力成为防范与化解系统性风险的磐石。商业银行效率是评价商业银行经营管理能力的重要指标，高效率的商业银行对实际经济发展有着正向反馈作用（Brunnermeier 等，2012；Ramcharran，2016），商业银行效率也是检验货币政策效率的重要方式，提高商业银行效率是提高服务实体经济能力、提高货币政策传导效率的必要途径与关键环节。

当前商业银行所处的市场环境发生了较大程度的变化。2015 年年底初步完成的利率市场化改革放开了存款的利率限制，激化了商业银行之间的存款竞争，进而扩大了商业银行贷款的竞争程度。金融科技的加速发展使得商业银行“金融脱媒”现象突出，客户的流失加剧了商业银行的贷款竞争程度，从而使得商业银行的市场竞争环境发生了较大变化（刘莉亚等，2017）。与此同时，货币政策环境也发生了改变。一方面，世界经济一体化程度逐渐加深，在三元悖论的制约下，维持汇率稳定与资本快速自由流动的情况下，货币政策独立性受到挑战。另一方面，世界经济体之间货币政策显著的溢出效应（杨子荣等，2018）是否会强化中国货币政策相机抉择特点（张屹山等，2017）并弱化货币政策对市场预期的稳定作用成为待检验的因素，货币政策面临新的诉求并呈现出新的目标与操作工具等特点。这种市场环境的巨大变化给商业银行带来了不确定性。现代商业银行理论指出不确定性是商业银行经营行为发生变化的重要原因，而这种不确定性直接表现为商业银行的风险。对风险的合理控制是商业银行保持稳健经营、提升效率的关键（Saeed 和 Izzeldin，2016）。对监管层来说，对商业银行风险的控制取决于市场竞争、监管和政府管理手段的共同作用（Boyd 和 De Nicolo，2005；Laeven 和 Levine，2009；Wagner，2010），市场竞争对商业银行风险影响有理论与实证支撑（Allen 和 Gale，2004；Anginer 等，2014），缜密的资本监管能有效控制商业银行风险（Berger 和 Bowman，2013；Chortareas 等，2016），政府管理一大突出表现为对货币政策环境的影响，因此货币政策环境也是影响商业银行风险的重要因素。基于此，本部分从商业银行市场竞争环境变化的视角出发，围绕优化商业银行效率这一研究主旨，详细探讨在不同的货币政策环境下，加入资本监管因素后分析竞争优化商业银行效率的路径，力图为监管当局政策制定提供翔实的经验证据。

第二节　相关文献评析

集中性地论述商业银行效率问题始于 Berger 和 Humphrey（1997）对商业银行效率分微观和宏观层面的总结性研究，微观层面研究商业银行如何实现有效的资源配置状态，宏观层面衡量商业银行如何实现最佳的社会功效。商业银行微观层面效率细分为早期的规模效率、范围效率及后期的 X－效率，其中 X－效率是所有技术效率和配置效率之和，即商业银行效率可以表示为技术效率与配置效率之卷积。技术效率测度产品的数量，配置效率测度产品的价格（Barros 和 Mascarenhas，2005），而技术效率与企业自身管理水平有关，配置效率与外界市场环境有关，因此影响商业银行效率的内部因素有商业银行的股权结构、治理机制、管理行为等，外部因素有市场竞争水平、资本监管、技术创新、金融抑制程度、货币政策环境等。目前学者们从不同角度对商业银行内部因素影响商业银行效率进行了研究，包括规模、流动性水平、收入结构、所有权结构等影响因素，形成了较为成熟的研究体系（Ataullah 等，2004；Chen 等，2005；Barth 等，2006；Berger 等，2010；Jiang 等，2013；Wang 等，2014；Huang 等，2017）。

随着金融自由化与世界经济一体化的发展，金融服务业作为市场经济中的竞争性服务业的属性被强化，对银行业提升效率有了新的更高层次的需求。提升商业银行内部治理水平以提高商业银行效率固然可行，但对监管层来说如何有效管控以防止发生系统性风险的前提下促进商业银行提高效率成为一项能增加社会福利性的举措。竞争策略目前已成为世界各国普遍接受的一种经济政策，有事实和经验证实了促进银行业的有效竞争，对提升效率和社会福利具有重要作用（徐璐和叶光亮，2018）。目前国内外学者对竞争影响商业银行效率的研究结论不一致。部分学者认为竞争通过提升商业银行经营管理水平来提高商业银行效率（Schaeck 和 Cihak，2008；Andries 和 Capraru，2014；Chortareas 等，2016）；部分学者认为竞争会打破商业银行的垄断租金，对商业银行的稳定经营造成较大冲击，故会降低商业银行效率（Maudos 和 Guevara，2007；Aiello 和 Bonanno，2016）；还有部分学者认为竞争对商业银行效率影响较为复杂（Ariss，2010；Koetter 和 Spierdijk，2012；Duygun 等，2013；Fungcova 等，2013）。这种表面看似矛盾的观点其实并不矛盾（Berger 等，2009），实质可能在于竞争通过影响商业银行的风险承担，造成了在各种自我约束与调整条件下商业银行的风险行为差异，风险承担成为竞争影响效率路径的一种承载变量，而约束与调整条件成为路径影响中的助推器或者缓冲器，常见的约束与调整条件有商业银行资本率监管、杠杆率监管、商业银行信贷资源配置水平等。目前关于竞争影响商业银行风险承担的研究较多，但研究结论也不一致。Liu 等（2012）用东南亚国家 1998—2008 年商业银行微观经营数据研究指出竞争对商业银行风险承担水平的影响不是单调的关系。Akins 等（2016）研究竞争会抑制商业银行的风险承担。Noman 等（2017）论述在东南亚国家竞争会鼓励商业银行持有更多资本，从而减少风险承担。Kouki 和 Al - Nasser（2017）用 31 个非洲国家 127 家商业银行 2005—2010 年数据得到竞争会提高商业银行风险承担水平（The implication of banking competition：Evidence from African countries）。国内学者对竞争与商业银行风险承担水平的关系研究结论也不统一，杨天宇、钟宇平（2013）利用 1995—2010 年中国 125 家商业银行数据研究支持“市场竞争—脆弱”假说，即竞争会促进商业银行风险承担水平上升。申创（2018）用中国商业银行 2005—2015 年数据研究指出竞争与商业银行风险之间存在非线性关系。徐璐和叶光亮（2018）利用空间竞争模型刻画竞争并指出竞争能减少商业银行风险承担水平。

与此同时，资本监管对商业银行风险行为形成一种门槛与约束作用，从而最终作用于商业银行效率。较多的学者直接研究了资本监管对商业银行效率的影响作用，即资本监管会影响商业银行效率，但关于影响效果的研究结论未统一（Chortareas 等，2012；Barth 等，2013；Berger 和 Bowman，2013；Osei - Assibey 和 Asenso，2015；U - Din 等，2017）；部分学者从资本监管、竞争对效率的共同影响角度出发来讨论资本监管的重要性，Naceur 和 Omran（2011）研究北美洲商业银行样本指出银行资本监管、竞争会共同影响商业银行效率，Sufian（2012）用孟加拉国等国家1997—2008 年 77 个商业银行数据得到同样的结论，即资本监管、竞争影响商业银行效率；部分学者讨论了资本监管影响商业银行的风险承担行为。Beck 等（2012）、Barth 等（2013）、Fu 等（2014）论证了资本监管对消除竞争影响商业银行效率负面影响的重要性。Behr 等（2010）构建了理论模型，并选取 61 个国家的经验数据论证由于竞争的影响，资本监管对商业银行风险承担因国别不同而不同。Pessarossi 和 Weill（2014）利用2004—2009 年中国银行业数据论述了增加资本率会减弱商业银行风险承担水平从而提高商业银行成本效率。Sarmiento 和 Galan（2017）利用 2002—2012 年南美洲 31 个商业银行数据研究指出资本监管会减少商业银行高风险承担的道德风险激励从而提高商业银行效率。Berger 和 Bouwman（2013）、Holod 等（2017）均论述资本监管由于减少了道德风险与破产概率，从而减少商业银行的风险承担。

货币政策是政府管理的一大突出表现，货币政策能通过估值收入效应、追逐收益效应和竞争效应来影响商业银行风险承担（Rajan，2005；Borio 和 Zhu，2008）。本部分首先通过构造理论模型分析竞争通过风险承担路径影响商业银行效率的作用机制，并加入货币政策环境、资本监管条件来进一步解释影响机制，其次通过经验验证不同货币政策条件下，在风险承担影响路径下，竞争、资本监管对商业银行效率的提升路径，以此来反映货币政策对微观经济主体的作用效率，并寻求改进货币政策效率的路径。对商业银行效率的计算方面，本部分采用随机边界法（SFA）计算商业银行的成本效率和利润效率。

第三节　理论分析框架

为了探讨不同货币政策环境下竞争、资本监管对商业银行效率的影响，本部分基于 Dell Ariccia 等（2016）提出的货币政策冲击对商业银行风险行为影响的模型框架，通过引入竞争程度与商业银行贷款的关系函数、商业银行效率函数，并结合中国银行业特点，拓展构建了货币政策环境下竞争影响商业银行效率的理论模型，进而分析不同货币政策环境下，竞争、资本监管影响商业银行效率的作用机制。

一、模型设定

1. 模型的假设条件

代表性商业银行的贷款需求函数为 $L(r_L)=e-f\cdot r_L$，其中 $f>0$，$L\leqslant 0$，$e>0$，r_L 为贷款利率。商业银行需要对贷款进行监督以提高借款者的偿付概率，商业银行贷款的监督努力程度描述了贷款的偿付概率 p，其中 $p\in[0,1]$。因此商业银行贷款的监督努力程度可以用来解释商业银行的风险承担水平，即 p 越大，商业银行风险承担水平越小。商业银行的监督成本为 $\frac{1}{2}ap^2$，$a>0$。

商业银行的可贷资金来源有客户存款 $D(r_D)$ 和商业银行资本 K，设定 k 为商业银行资本占可贷资金比例，中国银行业自有资金用于信贷投资的比例较少，故 k 设定为外生指标，且满足高于最低资本充足率 $\underline{k}$ 的约束要求。利率市场化完成的背景下存款利率 r_D 不存在利率上限，存款利率需要的风险补偿满足 $r_D\cdot E[p|k]=r^*$，其中 r^* 为政策利率，$E[p|k]$ 为投资者仅知商业银行资本的情况下对商业银行风险的预期值。商业银行资本成本 r_E 为政策利率 r^* 的线性函数，即 $r_E=c+r^*$，$c\geqslant 0$。

商业银行贷款竞争会影响商业银行的贷款利率弹性（Davis 等，1987；Berger 和 Hannan，1989）。商业银行贷款的利率弹性为 $\varepsilon(r_L)=$

$-\frac{\partial L(r_L)/L(r_L)}{\partial r_L/r_L}=f\cdot\frac{r_L}{L(r_L)}>0$，则可假设 $f_h=\frac{\partial f(h)}{\partial h}>0$ 表示商业银行间的竞争程度越大，贷款利率弹性越大，其中 h 为商业银行贷款的竞争程度。

2. 商业银行效率的定义

商业银行成本效率定义为理论最小成本与实际成本的比值，商业银行利润效率定义为实际利润与最大利润的比值（Weill，2004）。政策利率变化引致的商业银行贷款监督努力程度及贷款利率变化会有滞后效应，故短期内商业银行实际利润与成本不变，因此商业银行效率可以简化表示成理论利润及成本的函数，即 $PE\propto\frac{1}{\Pi^*}$，$CE\propto C^*$，其中 Π^* 表示理论最大利润，C^* 表示理论最小成本，即商业银行利润效率与理论最优利润负相关，商业银行成本效率与理论最优成本正相关①。

3. 代表性商业银行的决策流程及最优化目标函数

借款者的偿付概率决定了代表性商业银行贷款盈利的概率，即商业银行贷款监督努力程度 p 决定了贷款盈利的概率。当商业银行获得贷款收益时，贷款净收益率为 $r_L-r_D\cdot(1-k)$。商业银行资本管理成本为 $r_E\cdot k$，贷款监督成本为 $\frac{1}{2}ap^2$，则代表性商业银行的利润函数为：

$$\Pi=[p\cdot(r_L-r_D\cdot(1-k))-r_E\cdot k-\frac{1}{2}ap^2]\cdot L(r_L)\qquad(6-1)$$

成本函数为：

$$C=[p\cdot r_D\cdot(1-k)+r_E\cdot k+\frac{1}{2}ap^2]\cdot L(r_L)\qquad(6-2)$$

① 值得注意的是：最优化问题只有一个最优化函数，本部分中为求解商业银行最大化利润函数。最大化利润对应的不一定是最小化成本，但极大的概率不是最大化成本。理性的商业银行在追求最大化利润的同时，一定会尽量减少成本。因此本部分将最大化利润时的成本近似为极小成本，这样做也是合理的。因为本部分表述的是一个趋势性的关系，而非精确的对应关系。

二、模型的均衡条件与分析

代表性商业银行通过选择贷款的监督努力程度 p，贷款利率 r_L 来最大化利润 Π，最优化问题为：

$$\max_{p,r_L}\Pi \quad s.t\ k \geq \underline{k} \tag{6-3}$$

一阶必要条件为：

$$r_L - r_D(1-k) - ap = 0 \tag{6-4}$$

$$\left[p \cdot (r_L - r_D \cdot (1-k)) - r_E \cdot k - \frac{1}{2}ap^2\right] \cdot \frac{\partial L(r_L)}{\partial r_L} + L(r_L) \cdot p = 0 \tag{6-5}$$

由均衡时投资者对 p 预期合理可得 $E[p|k]=p^*$，故将 $r_D \cdot E[p|k]=r$，$r_E=c+r^*$，$L(r_L)=e-f(h)\cdot r_L$ 带入一阶必要条件，得到 p 和 r_L 的函数关系式：

$$p^* = \frac{r_L^* + \sqrt{r_L^{*2} - 4a \cdot (b+r^*) \cdot (1-k)}}{2a} \tag{6-6}$$

$$r_L^* = -\frac{p^* \cdot e/f + \frac{1}{2}a \cdot p^{*2} + r^* + c \cdot k + b \cdot (1-k)}{2p^*} \tag{6-7}$$

故可得$\frac{dp^*}{dr_L^*}>0$，$\frac{dr_L^*}{dr^*}>0$。进一步可知，当 $k=1$ 时有$\frac{dp^*}{dr^*}>0$；当 $k=0$ 时有$\frac{dp^*}{dr^*}<0$，故存在临界资本率 $\bar{k}$，得到如下结论：

$$\frac{dp^*}{dr^*}\begin{cases} >0, \bar{k} \leq k \leq 1 \\ <0, 0 \leq k < \bar{k} \end{cases} \tag{6-8}$$

$$\frac{dp^*}{dh} > 0 \tag{6-9}$$

$$\frac{d^2\Pi^*}{dp^2} < 0 \tag{6-10}$$

$$\frac{d^2C^*}{dp^2} > 0 \tag{6-11}$$

式（6-8）说明当商业银行的资本率较高时，商业银行的贷款监督努力程度会随着政策利率的上升而上升；当商业银行的资本率较低时，商业银行的贷款监督努力程度会随着政策利率的上升而下降，即商业银行维持较高权益资本率情况下，货币政策环境越宽松，商业银行风险承担水平越大；商业银行维持较低权益资本率情况下，货币政策环境越宽松，商业银行风险承担水平越小。式（6-8）说明资本率是商业银行风险管理的关键，资本率较高则商业银行债务融资成本较低，商业银行特许权价值效应增加从而更加激励商业银行承担较大风险。

式（6-9）说明商业银行的贷款监督努力程度随着竞争程度的增加而增加，即商业银行的风险承担水平随着竞争程度的增加而减小。商业银行更高的贷款利率弹性不仅提高了商业银行的贷款监督努力程度，而且通过资产负债平衡影响了借款利率弹性，从而债务融资成本的增加提高了商业银行的风险转移动机，并最终降低商业银行的风险承担水平。

式（6-10）与（6-11）说明商业银行理论最大利润、商业银行理论最小风险与商业银行的贷款监督努力程度函数呈现非线性函数形式。当商业银行的贷款监督努力程度较小时，商业银行理论最大利润随着商业银行的贷款监督努力程度的增大而增加，商业银行理论最小成本随着商业银行的贷款监督努力程度的增大而增加。由于商业银行利润效率、成本效率与商业银行理论最优利润与理论最小成本分别呈反向关系，可知当商业银行的贷款监督努力程度较小时，商业银行的风险承担水平会促进商业银行效率增加；与之相反，当商业银行的贷款监督努力程度较大时，商业银行的风险承担水平会抑制商业银行效率增加。

式（6-8）、（6-9）、（6-10）、（6-11）综合说明在货币政策环境变化的情况下，商业银行效率有不同的优化路径。货币政策宽松的环境下，当商业银行的风险承担水平较高时，提高商业银行的权益资本率，能促进商业银行效率的增加。当商业银行的风险承担水平较低时，降低商业银行的权益资本率，能促进商业银行效率的增加；货币政策紧缩的环境下，当商业银行的风险承担水平较高时，降低商业银行的权益资本率，能促进商业银行效率的增加。当商业银行的风险承担水平较低时，提高商业银行的权益资本率，能促进商业银行效率的增加。与此同时，在商业银行的风险承担水平过高时，提高商业银行的贷款竞争程度，能管控商业银行风险；在商业银行的风险承担水平过低时，提高商业银行的贷款竞争程度，能提升市场活力从而激励商业银行增加竞争能力以提高效率。

三、逻辑框架与假设提出

根据已有的研究成果，结合本部分理论层面的分析，归纳出竞争、货币政策环境下商业银行风险承担对商业银行效率影响的优化路径选择逻辑框架（见图6－1），并提出本部分的研究假设。

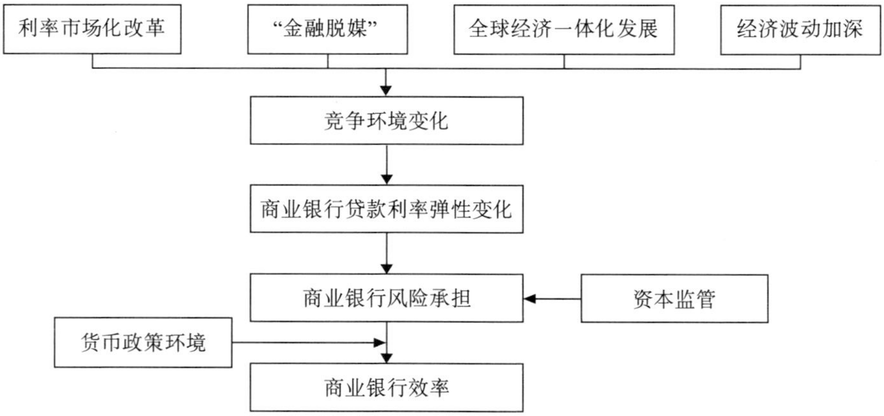

图6－1 商业银行效率受影响的机制

假说1：银行业之间的贷款价格竞争会减少商业银行的风险承担水平。

假说2：宽松的货币政策环境下（或紧缩的货币政策环境下），商业银行的贷款监督努力程度较大时，降低（或提高）商业银行的权益资本率能降低商业银行的风险承担水平，从而提高商业银行的效率；商业银行的贷款监督努力程度较小时，提高（或降低）商业银行的权益资本率能提高商业银行的风险承担水平，从而提高商业银行的效率。

假说 3：提高商业银行的市场竞争程度，能合理控制高风险承担水平商业银行的风险或者激励低风险承担水平商业银行的竞争效率，有利于商业银行管控风险或提高效率。

第四节　经验方程与数据描述

一、样本说明

考虑到回归数据质量和数据完整性的问题，本部分剔除大型国有商业银行股份制改造之前的数据，同时结合商业银行市场环境变化的重要阶段，选择了 2007—2016 年共 10 年的中国商业银行数据进行分析，数据主要来源于 Bankscope 数据库、Wind 资讯、ORBIS Bank Focus 数据库。剔除政策性商业银行、外资商业银行、邮政储蓄商业银行、证券公司、信托公司以及 80% 以上指标数据缺失的商业银行，并手动查阅商业银行年报、中国人民商业银行网站等进行数据补缺和纠正，最终分析的商业银行共有 126 家，其中大型国有商业银行 5 家，股份制商业银行 10 家，农村商业银行 32 家，城市商业银行 79 家。样本商业银行资产占全部商业银行资产比值在样本期间一直维持 70% 以上，具有较高的代表性。

二、经验方程设定及估计方法

对商业银行效率受风险因素影响关系的研究方法目前归结为三大类：

一是单阶段分析方法，商业银行效率测算模型中投入产出函数直接剔除风险因素后计算商业银行效率，并与未剔除风险因素前进行对比（Altunbas 等，2000；邱兆祥和张磊，2007）；二是两阶段分析方法，首先基于参数方法或非参数方法测算出商业银行的效率值，其次通过回归模型检验风险等因素对商业银行效率的影响（Williams，2004；Fiordelisi 等，2011）；三是两步回归法，首先根据商业银行效率测算模型中投入产出函数估算商业银行无效率值，其次检验风险等因素对无效率项的影响，但该种方法对无效率项的分布假设前后矛盾，会导致估计有偏（Berger 和 Mester，1997；姚树洁等，2011）。

为了具体分析货币政策、竞争环境等因素可能通过风险承担渠道对商业银行效率的影响，本部分综合运用单阶段分析方法和两阶段分析方法，首先计算考虑风险因素剔除后的净投入与净产出模型下的商业银行效率，再运用回归模型考察各因素对商业银行效率的影响。回归模型如下：

$$risk_{it} = \alpha_0 + \alpha_1 risk_{it-1} + \beta_1 MA_{t-1} + \beta_2 h_{it} + \sum_j \gamma_j Z_{ijt-1} + \sum_k \rho_k X_{kt} + \varepsilon_{it} \tag{6-12}$$

$$risk_{it} = \alpha_0 + \alpha_1 risk_{it-1} + \beta_1 MA_{t-1} + \beta_2 h_{it} + \beta_3 MA_{t-1} \times cap_d + \sum_j \gamma_j Z_{ijt-1} + \sum_k \rho_k X_{kt} + \varepsilon_{it} \tag{6-13}$$

$$eff_{it} = \alpha_0 + \alpha_1 eff_{it-1} + \beta_1 risk_{it} + \beta_2 MA_{t-1} + \beta_3 h_{it} + \sum_j \gamma_j Z_{ijt-1} + \sum_k \rho_k X_{kt} + \varepsilon_{it} \tag{6-14}$$

$$eff_{it} = \alpha_0 + \alpha_1 eff_{it-1} + \beta_1 risk_{it} + \beta_2 MA_{t-1} + \beta_3 risk_d \times MA_{t-1} \times cap_{it} + \beta_4 h_{it} + \sum_j \gamma_j Z_{ijt-1} + \sum_k \rho_k X_{kt} + \varepsilon_{it} \tag{6-15}$$

$$eff_{it} = \alpha_0 + \alpha_1 eff_{it-1} + \beta_1 risk_{it} + \beta_2 MA_{t-1} + \beta_3 risk_d \times h_d + \beta_4 h_{it} + \sum_j \gamma_j Z_{ijt-1} + \sum_k \rho_k X_{kt} + \varepsilon_{it} \tag{6-16}$$

模型（6-12）、（6-13）用来检验商业银行风险承担影响因素的作用效果，模型（6-14）、（6-15）、（6-16）用来检验不同货币政策条件下竞争、资本监管等风险承担影响因素对商业银行成本效率与利润效率的影响机制与影响效果，以便说明商业银行效率的优化路径。其中，$i=1$，…，N 表示商业银行个体；t 表示时间；$risk_{it}$代表商业银行风险承担指标；eff_{it}代表商业银行的效率指标，分为利润效率$profit_{it}$和成本效率$cost_{it}$，商业银行效率一般与上一期效率有关，因此本部分加入效率指标的滞后项来考察这一关系；MA_t 代表货币政策指标，考虑货币政策调控的影响具有明显的滞后性，因此用货币政策滞后项来检验（Jiménez 等，2010）；h_{it}代表商业银行的竞争程度；Z_{ijt-1}是包含商业银行规模、资产配置水平、流动性水平、资本水平、资产收益率的控制变量向量，为了减弱多重共线性问题，控制变量用滞后项做回归（Olivero 等，2011）；X_{kt}包括 GDP 增长率、通货膨胀率 CPI，用来控制经济周期影响（Ashcraft，2006）；cap_d表示权益资本存量的虚拟变量，将第 t 期商业银行权益资本存量按 1/2 分位数分类，较高一类$cap_d=1$，较低一类$cap_d=0$；$risk_d$ 表示风险承担水平的虚拟变量，将第 t 期商业银行风险承担水平按 1/2 分位数分类，较高一类 $risk_d=1$，较低一类 $risk_d=0$；残差项ε_{it}表示随时间改变的不可观测的贷款扰动。

商业银行效率表示为效率因子的指数函数形式，由于效率因子取值范围大于 0，故商业银行效率取值范围为（0，1]，故一般用 Tobit 模型来估计截断函数回归方程，但 Tobit 模型更适用于具有不可观测的上下界限定截断模型（McDonald，2009）。鉴于本部分估计方程为动态方程，因此对商业银行效率进行转换，令 $profit_{it}=\ln(PE_{it}/(1-PE_{it}))$ 和 $cost_{it}=\ln(CE_{it}/(1-CE_{it}))$（Aiello 和 Bonanno，2016），其中PE_{it}、CE_{it}是根据商业银行效率模型测算的商业银行原始效率值。考虑到商业银行规模、资产配置水平、流动性水平、资本水平之间可能存在一定的关联与相互影响关系，因此本部分用系统 GMM 方法（Amidu 和 Wolfe，2013）来处理这种内生性的影响，模型为系统 GMM 估计非截断回归方程。

三、模型变量的选取

1. 因变量的选择

商业银行的风险水平 *risk*：现阶段学者讨论的衡量商业银行风险水平的指标有商业银行风险加权资产占总资产的比例（江曙霞和陈玉婵，2012），贷款损失准备、贷款损失占贷款总额之比（张雪兰和何德旭，2012），Z 值（徐明东和陈学彬，2012）和预期违约频率 EDF（牛晓健和裘翔，2013）。一方面，现阶段我国违约数据缺乏，无法准确获取商业银行的 EDF 数据；另一方面，基于样本数据的限制，无法准确获取所有商业银行的风险加权资产；Z 值通常用来衡量破产风险（Boyd 等，1993），中国商业银行由于有政府隐性担保，破产风险较低，所以 Z 值也不能很好地测度现今中国商业银行的风险状况。由于贷款是商业银行主要的经营业务，因此信用风险是商业银行需要重点关注的风险，基于此本部分用贷款损失准备占贷款总额之比（LLR）来衡量商业银行的风险水平，同时用贷款损失占贷款总额之比即不良贷款率作为稳健性检验指标。

商业银行的效率水平，即成本效率 *cost* 与利润效率 *profit*：企业生产效率的评价方法最早是由 Farrell（1957）引入的前沿方法，该方法定义投入产出的观察值与生产边界曲线之间的距离为生产的效率值，具体的分析方法分为需要事前假设确定研究样本数据无效率分布和函数形式的参数估计方法，包括随机边界法（the Stochastic Frontier Approach，SFA），自由分布法（Distribution Free Analysis，DFA）和厚层边界法（Thick Frontier Analysis，TFA）（Battese 和 Coelli，1995；Aigner 等，1977）；和不需要设定具体的函数形式，只用求解线性规划问题的非参数估计方法（Murillo – Zamorano，2004），包括数据包络分析方法（Data Envelopment Analysis，DEA）和无界分析方法（Free Disposal Hull，FDH）。当前学术界对商业银行效率的测度方法并未达成共识（Weill，2004；Yang 等，2010；Fiordelisi 等，2011；Dong 等，2014）。参数估计方法考虑到随机误差的干扰，且随机边界法（SFA）对效率因子和随机因子的分布都做了假设，可以作为统计性检验，因此本部分用随机边界法（SFA）这一参数估计方法来测度商业银行的效率。主要变量说明见表 6 – 1。

表 6 – 1　　主要变量的说明

变量类型	变量符号	变量含义	变量计算方法
因变量	$eff_{cost_{it}}$	成本效率	理论最小成本/实际成本
	$eff_{profit_{it}}$	利润效率	实际利润/理论最大利润

续表

变量类型	变量符号		变量含义	变量计算方法
自变量	$RISK_{it}$		风险水平	贷款损失准备/总贷款
	h_{it}		竞争指标	-（贷款价格-贷款边际成本）/贷款价格
	货币政策代理变量 MA_t	$\ln(M1)_t$	对数狭义货币供应量	—
		Rr_t	法定存款准备金率	—
		lr_t	一年期贷款基准利率	利率存续期加权
	控制变量	$\ln(TA)_{it}$	商业银行规模	总资产的对数
		LIQ_{it}	流动性大小	流动性资产/总资产
		$ALLOC_{it}$	资产配置水平	总贷款/总存款
		CAP_{it}	资本水平	权益性资产/总资产
		$ROA_{t,i}$	资产收益率	净利润/资产总额
		GDP_{rt}	GDP 增长率	GDP 平减指数
		CPI_t	通货膨胀率	消费价格指数

商业银行效率测算方法随机边界法（SFA）定义了效率前沿的具体函数形式，通过引入复合误差项效率因子 u 和随机误差 v 来具体测算效率值。商业银行的理论最小成本为投入要素价格与产出的函数 $F_c(y,w)$，其中 y 为产出，w 为投入要素价格。由于经营管理摩擦与信息成本等非效率因素的存在，再加上随机误差的影响，商业银行无法实现在最优化资源配置下经营，故实际成本函数为 $cost_{it} = F_c(y,w)e^{v_c u_c}$，其中 v 为随机误差，服从标准正态分布 $N(0,\sigma_\varepsilon^2)$，$u$ 为效率因子，测度成本非效率值，由于无效率导致的实际成本总是高出最小成本，故 u 的取值范围为 $u \in [0,\infty)$。SFA 随机前沿方法中 u 可假设服从半正态分布、gamma 截断分布、指数分布等分布形式，一般选择半正态分布（Fiordelisi 等，2011），确定 u 的分布形式后，在选定的成本函数形式下，就可用极大似然函数估计方法来估计参数。

商业银行成本效率定义为理论最小成本与实际成本的比值（Weill，2004），即成本效率值为 $CE = \frac{F_c(y,w)e^{v_c}}{F_c(y,w)e^{v_c u_c}} = e^{-u_c}$；同理，商业银行利润函

数为 $profit_{it} = F_p(y,w)e^{v_p u_p}$，利润效率定义为实际利润与最大利润的比值，即利润效率值为 $PE = \frac{F_p(y,w)e^{v_p u_p}}{F_p(y,w)e^{v_p}} = e^{u_p}$。利润函数设定与成本函数相同，只是将被解释变量从总成本替换为利润①。

本部分通过定义商业银行的投入产出变量②来估计商业银行效率函数的参数，从而计算商业银行效率值。

2. 自变量的选择

本部分分析中，各变量的含义、计算方法、对应符号如表 6-1 所示。

（1）货币政策的代理变量

国外发达国家早已完成利率市场化，因此货币政策调控主要通过货币市场短期利率完成（Kashyap 和 Stein，2000）。在中国，尽管 2015 年底名义存款利率上限完全放开，但市场资金定价机制和利率传导机制并不健全，利率市场化并没有彻底完成，因此不能简单地将货币市场短期利率作为货币政策工具变量。目前学者研究采用的货币政策代理变量有货币供应量 M1/M2（蒋瑛琨等，2005；闫力等，2009），法定存款准备金率（冯科和何理，2011；冀志斌和宋清华，2013），一年期贷款基准利率（冯科和何理，2011；董华平和干杏娣，2015）。因此本部分选择三个货币政策代理变量：按利率水平持续期加权后的一年期贷款基准利率 lr，法定存款准备金率 Rr_t，对数狭义货币供应量 $LN(M1)_t$。

（2）商业银行竞争程度的代理变量

目前较多学者用市场集中度指标来描述商业银行间的竞争程度。在结构行为范式下，商业银行集中程度与竞争水平成反比（Bikker 和 Haaf，2002）。与此观点相反，Dell' Ariccia（2002），Northcott（2004）论述高竞争度与高集中性并存，Beck 等（2006），Olivero 等（2011）分别论述竞争度与集中程度对降低商业银行在金融危机中的脆弱性以及影响货币政策传导效率效果相同，因此市场集中度并不能完全代表商业银行间的竞争

① 具体的商业银行效率计算方法见附录 A。

② 由于篇幅限制，正文中省略商业银行效率函数的具体计算过程。

程度。非结构范式下代表性的论述商业银行竞争程度的指标有 Panzar - Rosse 模型（Panzar 和 Rosse，1987）、Lerner 指数（Lerner，1934）、Boone 指数（Boone，2008）。Carbo 等（2009）、Leon（2014）研究指出由于计算方法不同，竞争性指标计算结果不一致，而每种指标有固有的优点和缺点。

因此，本部分选取非结构式代表性指标来测度商业银行间的竞争程度，并以结构式指标做稳健性检验。非结构式指标选择 Lerner Index（LI），Lerner Index 用商业银行的市场价格背离其边际成本的百分比来度量商业银行的垄断竞争能力。Lerner Index 介于 0 到 1 之间，1 表示市场完全垄断，0 表示市场完全竞争。因此，高的 Lerner Index 意味着商业银行具有更高的垄断竞争能力，反之意味着商业银行面临着更激烈的市场价格竞争。本部分用贷款价格作为商业银行市场价格，h = 1 - LI 代表正向的贷款价格竞争程度[①]。结构式指标选择赫芬达尔指数（HHI）。HHI 指数通过对单个商业银行贷款量加权计算而得，HHI 越大说明市场垄断程度越高。

（3）商业银行特征的代理变量

商业银行的资产负债状况会影响商业银行的运营能力，从而影响商业银行的风险承担水平和经营效率。因此特征变量选择总资产的自然对数代表商业银行规模，总贷款/总存款代表资产配置水平，流动性资产/总资产代表流动性大小，权益资产总额/总资产代表资本水平，资产收益率衡量商业银行的盈利水平。本章进一步将商业银行依据产权性质进行分类，以分析产权性质不同的商业银行效率受影响的异同。

（4）其他变量

商业银行的风险承担程度与效率水平与经济周期息息相关，因此加入 GDP 增长率与通货膨胀率的自然对数代表宏观经济变量。

---

① 商业银行竞争程度指标具体计算方法见附录 B。

四、数据描述性统计

1. 商业银行效率的描述性分析

由表 6－2 可知，商业银行的利润效率呈逐渐增加趋势，成本效率在 2010 年下降后又呈逐步上升趋势，成本效率的年化均值要高于利润效率，但成本效率和利润效率均在 2015 年、2016 年这两年呈现下降趋势。详细考察所有权不同的商业银行效率，如图 6－2 所示，成本效率方面，股份制商业银行的成本效率最高，大型国有商业银行的成本效率最低；利润效率方面，农村商业银行的效率最高，其次是大型国有商业银行。造成商业银行效率不同的可能原因在于面临硬预算约束的商业银行效率比面临软预算约束的商业银行效率高（Yao 等，2007）。由于服务等软信息优于硬信息的运用、简单的机构组织、商业银行与客户之间紧密的联系会提高商业银行的成本效率（Berger 和 Udell，2002），一般来说，股份制商业银行比大型国有商业银行的组织机构简单、预算软约束现象较少，且股份制商业银行由于竞争的压力一般会主动与客户维护较为紧密的关系，故成本效率较高（Alessandrini 等，2009）。节省假说认为商业银行配置较少的资源去监测信贷，虽然短期可以节省成本，但是长期不良贷款率较高故长期收益较差（Berger 和 DeYoung，1997）。农村商业银行有固定的关系信贷优势、大型国有商业银行营利能力较强，是其克服节省假说弊端，获得长期收益从而利润效率较高的原因之一。

表 6－2　　2007—2016 年商业银行的利润效率及成本效率均值

年份	成本效率	利润效率	年份	成本效率	利润效率
2007	0.873322	0.6653767	2012	0.8875651	0.8095132
2008	0.880783	0.7622355	2013	0.8885701	0.8269008
2009	0.8878652	0.7662597	2014	0.9081337	0.8454165
2010	0.8711206	0.7939487	2015	0.8644498	0.7328518
2011	0.8772877	0.8058684	2016	0.8542903	0.6706339

资料来源：Bankscope、Wind 数据库，经计算所得。

中国商业银行的成本效率年化均值要高于利润效率，表明商业银行控制成本的能力要明显优于创造利润的能力，从两个方面可以解释造成此种现象的原因：一是商业银行目前面临的管制仍然较多，利率管制、信贷管制、资本水平管制、政府干预等原因限制了商业银行营利能力的增加；二是商业银行面临竞争压力有限，在预算软约束的因素影响下，主动创造利润的动机较小，种种原因说明目前中国商业银行亟须改革以提升参与市场化竞争水平来增强利润创造能力。

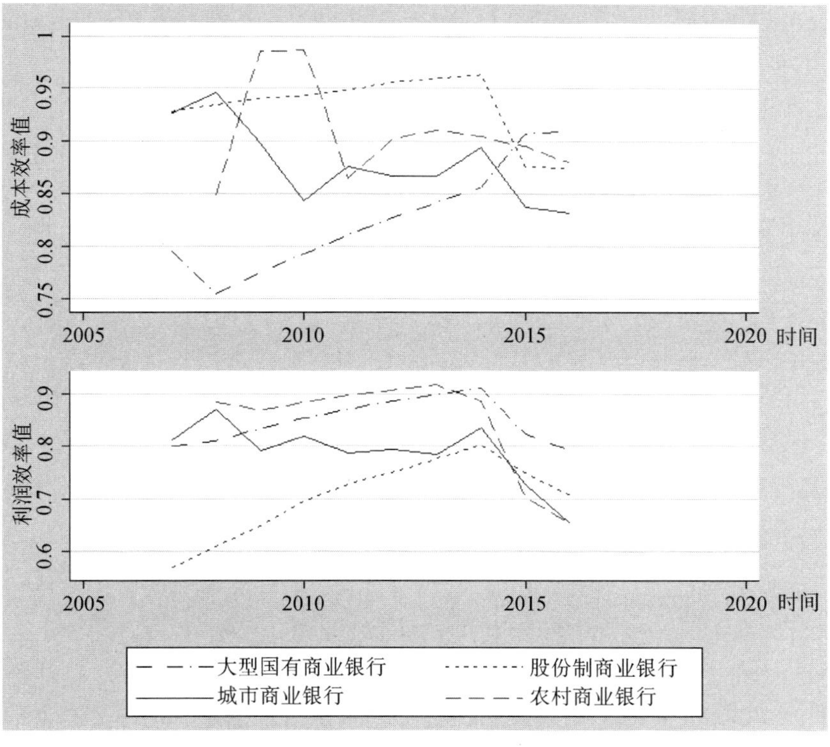

图 6－2　不同类型商业银行的年均效率走势图

2. 其他变量的描述性统计（见表6－3）

表6－3　　　　变量的描述性统计

变量名	变量符号	均值	方差	中位数	最小值	最大值
风险水平	*RISK*	0.030	0.011	0.028	0.0015	0.094
对数狭义货币供应量	ln(*M*1)	14.83	0.308	15.00	14.31	15.19
法定存款准备金率	*Rr*	17.670	2.748	18.690	11.190	20.640
一年期贷款基准利率	*lr*	5.822	0.817	5.956	4.350	7.173
资产收益率	*ROA*	1.079	0.425	1.082	－0.774	2.582
商业银行规模	*size*	11.800	1.639	11.590	7.522	17.000
流动性水平	*liq*	0.221	0.110	0.205	0.0212	0.718
资产配置水平	*alloc*	0.512	0.122	0.524	0.158	0.914
资本水平	*cap*	0.070	0.025	0.067	0.015	0.420
竞争程度	*h*	0.628	0.110	0.616	0.378	1.192
通货膨胀率	*CPI*	102.900	1.889	102.600	99.300	105.900
GDP增长率	*r_GDP*	8.895	2.145	7.700	6.700	14.200

注：资产存量单位为十亿元人民币。

由表6－3可知，样本商业银行风险水平均值为0.030，风险程度较低，风险管控能力较好。流动性水平均值为0.221，资本水平均值为0.070，资产收益率均值为1.079，样本商业银行营利能力较强。对数资产规模均值为11.800，但资产规模差异较大。

第五节　经验回归结果与分析

一、整体商业银行的风险承担影响因素分析

表6－4的实证结果对应经验方程（6－12）、方程（6－13），显示竞争与货币政策对商业银行风险承担的影响效果，列（4）、（5）、（6）是加入货币政策与权益资本率分类交互项的回归结果。

1. 商业银行的竞争程度对商业银行风险承担水平有显著的负向影响，

即商业银行竞争程度越大，商业银行风险承担水平越小。不同于 Rajan（2005）提出的竞争效应会降低商业银行的边际利润并促使商业银行增加风险资产的配置，从而风险程度增加。利率市场化改革使得商业银行依靠存贷款息差的盈利优势逐渐被瓦解，竞争压力驱使商业银行改善资产配置结构来提高经营效率（刘莉亚等，2017）。资源配置结构优化会抑制商业银行盲目的信贷扩张，降低商业银行的信用风险，符合竞争—稳定性假说（Keeley，1990），验证了假设 1。

2. 货币政策对商业银行风险承担有显著的正向影响关系，即货币政策越宽松，商业银行的风险承担水平越大；反之，货币政策趋紧，商业银行的风险承担水平越小，这也与江曙霞和陈玉婵（2012）、张强等（2013）等的研究结论一致。理论模型论述商业银行资本率高于某个临界值的情况下，货币政策环境越宽松，商业银行风险承担水平越大。加入货币政策与权益资本率分类的交互项，显著的交互项影响系数与货币政策影响系数方向相同，表明对于较高权益资本率的商业银行，宽松的货币政策会进一步促进商业银行风险承担水平的增加，验证了理论模型的论述。鉴于货币政策对商业银行风险承担的影响，因此需要区分不同货币政策环境来分析风险承担路径下的商业银行效率的优化途径。

表 6-4　　商业银行风险承担影响因素的估计结果

	(1)	(2)	(3)	(4)	(5)	(6)
	RISK	*RISK*	*RISK*	*RISK*	*RISK*	*RISK*
L. Y	0.7760***	0.7113***	0.7008***	0.7518***	0.7026***	0.6693***
	(53.7256)	(43.3679)	(52.2185)	(37.9178)	(38.4457)	(46.4242)
ln (*M*1)	0.0031***			0.0008***		
	(13.2437)			(5.1843)		
Rr		-0.0001***			-0.0001***	
		(-3.9110)			(-3.8778)	
lr			-0.0008***			-0.0011***
			(-8.6609)			(-8.3203)

续表

	(1)	(2)	(3)	(4)	(5)	(6)
	RISK	*RISK*	*RISK*	*RISK*	*RISK*	*RISK*
Cap_d ×				0.0000*	0.0000	0.0000
MA				(1.8078)	(1.0974)	(0.7031)
h	-0.0030***	-0.0036***	-0.0031***	-0.0421***	-0.0283***	-0.0339***
	(-3.6436)	(-3.7130)	(-2.8489)	(-10.1933)	(-8.2771)	(-7.5555)
size	-0.0004***	-0.0005***	-0.0005***	-0.0004***	-0.0005***	-0.0005***
	(-10.2535)	(-12.0291)	(-9.7622)	(-10.2497)	(-10.1863)	(-8.6277)
alloc	-0.0009	-0.0020***	0.0001	-0.0025***	-0.0017***	0.0017*
	(-1.4750)	(-3.3809)	(0.0865)	(-4.1172)	(-2.6997)	(1.6923)
liq	-0.0010	-0.0016**	-0.0000	-0.0020**	-0.0014	0.0014
	(-1.5674)	(-2.1283)	(-0.0033)	(-2.3234)	(-1.4992)	(1.3564)
cap	-0.0020	0.0003	0.0016	-0.0071	-0.0024	-0.0043
	(-0.5558)	(0.0811)	(0.3821)	(-1.4629)	(-0.5107)	(-0.9833)
ROA	-0.0007***	-0.0006***	-0.0007***	-0.0009***	-0.0006***	-0.0006***
	(-3.8234)	(-2.9110)	(-3.0523)	(-4.6078)	(-2.8132)	(-2.9771)
GDP_r	-0.0004***	-0.0011***	-0.0011***	-0.0010***	-0.0012***	-0.0013***
	(-5.9018)	(-14.6195)	(-15.0189)	(-15.4605)	(-13.8706)	(-13.3352)
CPI	0.0003***	0.0004***	0.0003***	0.0004***	0.0005***	0.0007***
	(7.6699)	(15.4603)	(5.4503)	(13.6261)	(15.8292)	(18.1097)
_cons	-0.0670***	-0.0226***	-0.0009	-0.0421***	-0.0283***	-0.0339***
	(-21.4535)	(-7.1157)	(-0.1469)	(-10.1933)	(-8.2771)	(-7.5555)
N	422	422	422	422	422	422
sarganp	0.2525	0.3456	0.4269	0.4662	0.3308	0.3502
Ar (1)	0.0036	0.0039	0.0033	0.0050	0.0042	0.0040
Ar (2)	0.9021	0.9885	0.9244	0.8961	0.9870	0.9496

注：括号里的数字为 t 统计量；*、**、*** 分别代表在 10%、5%、1% 的程度上显著①。表中 sarganp 汇报了过度识别检验结果，Ar（1）、Ar（2）分别汇报了一、二阶序列相关检验结果。cap_d 表示资本存量的虚拟变量。当商业银行权益资本存量较高时候，cap_d = 1；反之，cap_d = 0；*MA* 表示货币政策代理变量。

① 为减弱多重共线性影响，对竞争程度、规模、流动性、资本配置水平、资本水平变量做中心化处理。

二、整体商业银行效率受影响的路径分析

表6-5的实证结果对应经验方程（6-14）、方程（6-15），显示商业银行效率受影响的估计结果。相比实证结果（1）与（2），实证结果（3）与（4）加入一些因素的交互项，来研究商业银行效率的改进路径。加入商业银行风险承担水平分类的虚拟变量、货币政策与权益资本率的交互项，发现交互项系数大部分显著，表明对不同风险承担水平的商业银行，在特定的货币政策环境下，通过改变权益资本率可以影响商业银行的效率。宽松的货币政策抑制商业银行利润效率的提高，交互项对利润效率的影响系数与货币政策对利润效率的影响系数相反，表明对高风险承担水平的商业银行来说，宽松的货币政策环境下，提高商业银行权益资本率可以减弱货币政策对商业银行利润效率的抑制作用，有利于商业银行利润效率的提高；与此同时，宽松的货币政策促进商业银行成本效率的增长，交互项对成本效率的影响系数与货币政策对成本效率的影响系数相同，表明对高风险承担水平的商业银行来说，宽松的货币政策环境下，提高商业银行权益资本率可以促进货币政策对商业银行效率的促进作用，并进一步促进商业银行成本效率的提高。说明宽松的货币政策环境下，对高风险承担水平的商业银行提高权益资本率有利于提高商业银行的效率，同理可以分析，紧缩的货币政策环境下，对高风险承担水平的商业银行降低权益资本率有利于提高商业银行的效率，验证了假设2。

表6-5　　　　商业银行效率受影响的路径分析

	(1) *profit*			(2) *cost*			(3) *profit*			(4) *cost*		
L.Y	0.650***	0.680***	0.668***	0.455***	0.448***	0.398***	0.646***	0.661***	0.668***	0.413***	0.441***	0.382***
	(32.00)	(34.05)	(39.25)	(19.31)	(18.85)	(17.92)	(51.90)	(34.49)	(33.55)	(27.63)	(29.51)	(11.66)
ln(*M*1)	0.068			0.308***			0.045			0.381***		
	(1.24)			(5.53)			(0.83)			(5.99)		
Rr		0.062***			-0.008			0.060***			-0.006	
		(12.30)			(-1.07)			(9.10)			(-0.95)	
lr			0.143***			-0.127***			0.131***			-0.138***
			(9.38)			(-9.17)			(6.25)			(-5.86)

续表

	(1) *profit*			(2)*cost*			(3)*profit*			(4)*cost*		
$risk_d$ * *Cap* * *MA*							-0.032***	-0.029***	-0.189***	0.177***	-0.047***	-0.029
							(-2.85)	(-5.15)	(-4.39)	(12.47)	(-3.04)	(-0.77)
RISK	-9.919***	-7.463***	-9.137***	-16.292***	-15.759***	-19.155***	-8.795***	-7.123***	-6.183***	-0.050**	-0.117***	-0.117***
	(-8.37)	(-6.11)	(-8.62)	(-7.03)	(-6.70)	(-8.47)	(-8.28)	(-4.18)	(-4.20)	(-2.08)	(-5.65)	(-7.48)
h	-2.167***	-2.149***	-2.237***	-0.303	-0.146	-0.220	-2.330***	-2.195***	-2.254***	-0.310	-0.300	-0.090
	(-13.73)	(-22.19)	(-16.23)	(-1.23)	(-0.54)	(-0.74)	(-17.38)	(-18.21)	(-12.64)	(-1.18)	(-1.20)	(-0.33)
size	0.039***	0.036***	0.030***	-0.024	-0.031**	-0.050***	0.039***	0.036***	0.033***	-0.078***	-0.080***	-0.059***
	(5.80)	(6.07)	(5.57)	(-1.32)	(-2.46)	(-2.58)	(6.96)	(6.31)	(5.99)	(-5.28)	(-5.86)	(-4.00)
alloc	0.268	0.259	-0.253	0.917***	0.967***	1.429***	0.417***	0.294***	-0.032	1.369***	1.108***	1.853***
	(1.52)	(1.38)	(-1.03)	(3.88)	(4.31)	(5.98)	(3.92)	(3.25)	(-0.14)	(5.95)	(6.42)	(7.15)
liq	-0.253**	-0.289***	-0.551***	2.682***	2.725***	3.204***	-0.282***	-0.342***	-0.510***	3.228***	3.065***	3.949***
	(-2.06)	(-2.68)	(-3.80)	(9.90)	(10.18)	(13.25)	(-2.98)	(-3.18)	(-3.31)	(13.14)	(12.96)	(24.21)
cap	-1.316***	-2.225**	-1.804***	-3.790***	-3.245***	-3.143***	-1.949***	-2.458***	-1.286	-1.315*	0.599	1.537**
	(-3.86)	(-2.25)	(-4.55)	(-9.78)	(-7.51)	(-6.15)	(-4.39)	(-6.03)	(-1.44)	(-1.68)	(0.67)	(2.33)
ROA	0.373***	0.264***	0.317***	-0.178***	-0.185***	-0.133***	0.358***	0.329***	0.306***	-0.084*	-0.268***	-0.189***
	(6.45)	(5.04)	(7.49)	(-3.46)	(-4.11)	(-2.75)	(10.20)	(7.88)	(7.02)	(-1.65)	(-4.27)	(-3.25)
CPI	0.019***	0.030***	0.046***	0.022***	0.028***	0.008	0.020***	0.035***	0.042***	0.018***	0.015***	-0.007**
	(6.61)	(7.92)	(11.54)	(4.65)	(5.81)	(1.47)	(4.85)	(14.35)	(6.99)	(8.77)	(6.50)	(-2.38)
r_GDP	-0.004	0.063***	-0.019***	-0.045***	-0.103***	-0.090***	-0.013	0.060***	-0.018**	-0.033***	-0.079***	-0.075***
	(-0.29)	(8.05)	(-3.24)	(-4.12)	(-5.78)	(-5.18)	(-1.27)	(5.65)	(-2.49)	(-4.11)	(-4.55)	(-5.44)
_cons	-1.761*	-3.682***	-4.682***	-1.092	3.671***	7.078***	-1.454*	-4.189***	-4.084***	-0.238	5.760***	10.083***
	(-1.95)	(-5.59)	(-7.05)	(-0.89)	(4.96)	(9.45)	(-1.89)	(-7.23)	(-4.99)	(-0.26)	(9.85)	(14.23)
N	160	160	160	160	160	160	160	160	160	160	160	160
sarganp	0.9565	0.9794	0.9920	0.9923	0.9944	0.9831	0.9621	0.9743	0.9670	0.9544	0.9994	0.9991
Ar (1)	0.0814	0.0717	0.0762	0.0223	0.0226	0.0292	0.0844	0.0799	0.0761	0.0251	0.0241	0.0352
Ar (2)	0.2526	0.4300	0.6715	0.5507	0.4500	0.4011	0.9419	0.7555	0.4051	0.7975	0.3587	0.5314

注：括号里的数字为 t 统计量；*、**、*** 分别代表在 10%、5%、1% 的程度上显著①。$risk_d$ 表示风险承担水平的虚拟变量。当商业银行风险承担水平较高时候，$risk_d = 1$；当商业银行风险承担水平较低时候，$risk_d = 0$；*MA* 表示货币政策代理变量。

表 6-6 的实证结果对应经验方程（6-16），显示竞争环境对商业银行效率的影响路径。分析实证结果（1）可以看出，商业银行竞争程度对商业银行风险承担水平影响系数显著为负，商业银行竞争程度与商业银行风险承担水平分类虚拟变量的交互项系数显著为正，表明对高风险承担水

① 为减弱多重共线性影响，对竞争程度、规模、流动性、资本配置水平、资本水平变量做中心化处理。

平商业银行来说，竞争能降低商业银行的风险承担水平，有益于商业银行管控风险，验证了假设3。对实证结果（2），商业银行竞争程度与商业银行风险承担水平分类虚拟变量的交互项系数显著为负，表明竞争降低了商业银行的利润效率。但对高风险商业银行来说，竞争能促进商业银行进行风险管控，长期来看对维护商业银行稳健经营不无裨益。对实证结果（3），商业银行竞争程度与商业银行风险承担水平分类虚拟变量的交互项系数显著为正，表明竞争对高风险商业银行的成本效率影响效果不明确。同理可以验证竞争对低风险承担水平商业银行的效率影响[①]，可见对低风险承担水平的商业银行来说，增加竞争能提高商业银行的利润效率，验证了假设3。

表6-6　　竞争环境对商业银行风险与效率的影响

	(1) *RISK*			(2) *profit*			(3) *cost*		
L. Y	0.613***	0.598***	0.563***	0.641***	0.656***	0.672***	0.441***	0.459***	0.360***
	(44.50)	(35.76)	(39.94)	(51.68)	(29.08)	(36.60)	(19.75)	(27.71)	(14.90)
ln(*M*1)	0.004***			0.075			0.403***		
	(17.68)			(1.26)			(7.55)		
Rr		-0.000*			0.064***			-0.005	
		(-1.74)			(11.50)			(-0.80)	
lr			-0.001***			0.130***			-0.131***
			(-10.98)			(6.04)			(-6.99)
h ×	0.008***	0.008***	0.009***	-0.007	-0.923***	-0.418	0.279***	0.750**	0.316
$risk_d$	(25.19)	(23.45)	(26.38)	(-0.24)	(-3.99)	(-1.36)	(8.96)	(2.01)	(0.89)
RISK				-10.464***	-8.164***	-9.862***	-24.901***	-17.598***	-17.689***
				(-10.79)	(-8.52)	(-8.60)	(-8.25)	(-8.75)	(-7.40)
h	-0.006***	-0.006***	-0.007***	-2.361***	-1.859***	-2.308***	-0.333	-0.793***	-0.485***
	(-7.51)	(-7.82)	(-8.61)	(-18.76)	(-11.60)	(-13.39)	(-1.48)	(-4.38)	(-2.91)
size	-0.000***	-0.000***	-0.000***	0.040***	0.040***	0.025***	-0.088***	-0.059***	-0.073***
	(-6.07)	(-7.83)	(-5.00)	(6.78)	(7.15)	(3.75)	(-5.39)	(-4.51)	(-4.26)

---

① 由于篇幅限制，实证结果在附录C表1。

续表

	(1) *RISK*			(2) *profit*			(3) *cost*		
alloc	-0.002**	-0.003***	-0.002**	0.390***	0.258**	-0.060	1.552***	1.116***	1.785***
	(-2.50)	(-4.31)	(-2.03)	(3.83)	(2.25)	(-0.34)	(7.33)	(5.15)	(9.97)
liq	-0.002**	-0.003***	-0.001	-0.274**	-0.337***	-0.403***	3.171***	2.962***	3.710***
	(-2.24)	(-4.84)	(-1.20)	(-2.53)	(-2.64)	(-2.61)	(12.67)	(13.95)	(13.01)
cap	-0.007**	-0.007**	-0.005	-2.238***	-2.766***	-2.924***	-0.642	-1.076	0.580
	(-2.32)	(-2.07)	(-1.25)	(-4.92)	(-3.74)	(-6.83)	(-0.85)	(-1.41)	(0.67)
ROA	-0.000	-0.000	-0.000	0.366***	0.310***	0.286***	-0.040	-0.123***	-0.090**
	(-1.48)	(-1.40)	(-0.61)	(8.97)	(5.38)	(6.01)	(-0.83)	(-3.73)	(-2.51)
CPI	0.000***	0.000***	0.000***	0.019***	0.031***	0.043***	0.023***	0.034***	0.005
	(8.18)	(13.29)	(5.65)	(4.52)	(7.36)	(5.72)	(8.32)	(14.58)	(1.56)
r_GDP	-0.000***	-0.001***	-0.001***	-0.011	0.066***	-0.026***	-0.034***	-0.104***	-0.092***
	(-5.16)	(-18.97)	(-16.83)	(-0.91)	(9.04)	(-3.44)	(-4.28)	(-6.92)	(-6.28)
_cons	-0.074***	-0.019***	0.007	-1.804**	-5.305***	-5.386***	-1.174	3.612***	8.675***
	(-22.42)	(-6.10)	(1.47)	(-2.03)	(-7.08)	(-5.59)	(-1.28)	(7.79)	(10.88)
N	422	422	422	160	160	160	160	160	160
sarganp	0.3609	0.4689	0.3775	0.9591	0.9719	0.9889	0.9741	0.9844	0.9777
Ar (1)	0.0017	0.0019	0.0010	0.0840	0.0700	0.0726	0.0207	0.0218	0.0325
Ar (2)	0.9945	0.7980	0.9873	0.2129	0.2941	0.2820	0.7270	0.4279	0.4054

注：括号里的数字为 t 统计量；*、**、*** 分别代表在 10%、5%、1% 的程度上显著①。$risk_d$ 表示风险承担水平的虚拟变量。当商业银行风险承担水平较高时候，$risk_d = 1$；当商业银行风险承担水平较低时候，$risk_d = 0$。

三、不同类型商业银行效率受影响的估计结果

不同所有制结构的商业银行一般主营业务范围、客户结构、营利能力都有所不同，因此商业银行的风险偏好一般不同，其经营效率也大不相同，因此将商业银行按产权性质分为两大类进行分析，一类是城商行和农商行，代表区域性的中小型商业银行；另一类是大型国有商业银行和股份

① 为减弱多重共线性影响，对商业银行特征变量取滞后一期值，且对竞争程度、规模、流动性、资本配置水平、资本水平变量中心化处理。

制商业银行，代表全国性的大型商业银行，加入代表商业银行所有制性质的虚拟变量进行分析，模型以全国性的大型商业银行为基准组合，回归结果见表6－7。

表6－7　　　　不同类型商业银行效率受影响的估计结果

	(1) *profit*			(2) *cost*		
L. Y	0.546***	0.535***	0.523***	0.449***	0.408***	0.434***
	(23.43)	(24.98)	(31.89)	(19.26)	(17.77)	(21.29)
ln(*M*1)′	0.126***			0.035		
	(14.10)			(1.57)		
Rr′		0.102***			0.000	
		(23.94)			(0.10)	
lr′			0.258***			0.044***
			(17.71)			(5.13)
LLR′	－8.369***	－6.748***	－3.149*	－10.005**	－8.801***	－11.971***
	(－4.20)	(－4.51)	(－1.79)	(－2.34)	(－5.31)	(－7.09)
h′	－1.771***	－1.928***	－1.493***	－0.583*	－0.108	－0.241
	(－10.89)	(－18.01)	(－9.18)	(－1.74)	(－0.60)	(－1.59)
size	0.159***	0.149***	0.137***	－0.096***	－0.123***	－0.104***
	(10.95)	(14.18)	(12.60)	(－3.25)	(－5.06)	(－4.54)
alloc	0.357**	0.183	－0.414**	1.257***	1.108***	0.905***
	(2.19)	(1.18)	(－2.01)	(6.22)	(7.40)	(4.64)
liq	0.109	－0.132	－0.247**	3.243***	3.228***	2.903***
	(0.86)	(－0.94)	(－2.16)	(11.21)	(13.72)	(11.70)
cap	－2.376***	－2.786***	－3.899***	－1.216	－1.780	－1.137
	(－5.88)	(－4.12)	(－5.15)	(－1.31)	(－1.57)	(－1.43)
ROA	0.584***	0.621***	0.612***	－0.196***	－0.048	－0.030
	(12.61)	(14.85)	(11.41)	(－2.97)	(－1.35)	(－0.76)
CPI	0.024***	0.026***	0.046***	0.024***	0.022***	0.029***
	(5.20)	(6.50)	(5.91)	(7.82)	(8.00)	(8.77)
r_GDP	0.004	0.065***	0.005	－0.072***	－0.055***	－0.059***
	(0.52)	(10.40)	(1.13)	(－6.51)	(－7.03)	(－6.23)

续表

	(1) *profit*			(2) *cost*		
_cons	-3.137***	-4.200***	-5.975***	4.512***	4.609***	3.293***
	(-5.63)	(-8.58)	(-6.55)	(8.38)	(12.18)	(6.89)
N	160	160	160	160	160	160
larganp	0.8686	0.9458	0.9523	0.9939	0.9945	0.9833
Ar (1)	0.0691	0.0604	0.0549	0.0209	0.0295	0.0231
Ar (2)	0.7599	0.3932	0.4248	0.6520	0.5598	0.5043

注：括号里的数字为 t 统计量；*、**、*** 分别代表在 10%、5%、1% 的程度上显著。加入表征商业银行所有权性质的 dummy 进行计算，全国性的大型商业银行为基准组合，表中 ln（M1）、repo、Rr、lr、LLR、h 的回归系数分别表示其他中小型商业银行相应指标对因变量的解释程度与基准组合之比。

表 6-7 结果显示相对基准组合大型国有商业银行和股份制商业银行来说，城商行和农商行的效率受风险承担水平的影响程度更高，因此中小型商业银行的效率更容易受其自身风险偏好的影响。

四、稳健性检验

为了进一步说明实证结果的有效性，本部分还做了以下的稳健性检验[①]：

1. 采取不同的衡量商业银行风险承担程度的指标。用不良贷款率衡量商业银行风险程度的指标实证结果与用正文中风险指标结果实证结果相一致，即对商业银行效率影响结果一致，商业银行效率优化效果一致，证实了本部分实证结果的稳健性。

2. 采取不同的衡量商业银行竞争程度的指标。目前代表性的衡量商业银行竞争程度的指标主要分为两类，一类是以 Lerner Index 为代表的新产业组织方法，另一类是以赫芬达尔指标（HHI）为代表的传统结构范式，因此为验证实证结果的稳健性，本章以传统结构范式代表性指标 HHI 来对

① 详细的稳健性结果见附录 D 表 1、表 2、表 3。

模型做稳健性检验。

分别用资产市场占有率或贷款市场占有率来衡量商业银行间的市场竞争程度，$HHI_t = \sum_{i=1}^{n} (X_{t,i}/X_t)^2$，其中 $X_{t,i}$ 代表 t 期各个商业银行的资产规模（或贷款规模），X_t 代表 t 期整个商业银行的总资产规模（或总贷款额），市场垄断程度与 HHI_t 成正比。结果显示 HHI 代表竞争程度对商业银行效率影响效果与用 Lerner Index 代表竞争程度对商业银行效率影响效果一致，证明了本部分实证结果的可靠性。

第六节　结论及建议

检验货币政策效率是完善货币政策框架的重要前提。以信贷传导渠道为主要传导渠道的货币政策作用机制下商业银行是货币政策的重要承载渠道。检验商业银行效率是反映货币政策效率的直观途径。本部分检验不同的货币政策环境下，商业银行效率如何变化。因此，本部分首先构建理论模型分析货币政策环境下，市场竞争、资本监管对商业银行效率的影响机理，随后采用中国银行业数据进行了实证检验，结果如下：

第一，不同的货币政策环境下，资本监管对不同风险承担水平的商业银行有着效率优化的作用。在宽松的货币政策环境下，当商业银行的风险承担水平较小时，通过降低商业银行的权益资本率能降低商业银行的风险承担水平从而提高商业银行的效率；当商业银行的风险承担水平较大时，通过提高商业银行的权益资本率能提高商业银行的风险承担水平从而提高效率。同理，在紧缩的货币政策环境下，当商业银行的风险承担水平较小时，通过提高商业银行的权益资本率能降低商业银行的风险承担水平从而提高商业银行的效率；当商业银行的风险承担水平较大时，通过降低商业银行的权益资本率能提高商业银行的风险承担水平从而提高效率。

第二，竞争通过影响商业银行的风险承担水平来影响商业银行的效率，且竞争对不同风险承担水平商业银行效率的作用效果不同。竞争对中小型商业银行效率的影响效果更明显，对高风险承担水平的商业银行通过提高竞争能减少商业银行的风险承担水平，增强商业银行的稳健性；对低风险承担水平的商业银行通过提高竞争能激励商业银行提高核心竞争力，从而提高效率。

本部分的研究分析结果对支持货币政策调节实现平衡经济增长和风险的多重目标具有重要的政策含义：

一是考察货币政策效率，不仅仅考虑货币政策作用，还应该考虑其他监管政策作用，即要考虑货币政策与其他监管政策之间的协调作用。

二是具有不同特征的微观经济主体在货币政策作用下会有非对称型影响，因此相比总量型货币政策工具，更应该采取结构性货币政策工具以求精准施加对微观经济主体的影响，以提高货币政策效率。

三是继续完善货币政策制度设计以促进金融市场健全有序发展，为微观经济主体创造良好的市场环境，以提高微观经济主体效率，并最终形成货币政策效率提高的良性循环。

第七章　新发展格局下完善货币政策体系的政策建议

新发展格局下金融环境发生了新的变化，货币政策迫切需要转型以适应新的经济发展特征并实现最终目标，货币政策除了调整框架体系外，还需要与其他政策制度、市场环境、微观经济主体发展的协调配合以更好地发挥政策效果。

第一节　应对新发展格局所需的货币政策框架建设

一、明确货币政策最终目标

当前由于经济增长的不确定性，通货膨胀目标并不能准确估计，并且由于央行的独立性欠缺，较难形成稳定预期与政策性窗口指导，因此货币政策并不适合实行单一目标制。借鉴发达国家经验，可以通过制度建设与体制机制改革将通货膨胀目标制作为长期的建设目标。对短期而言，为了实现调控“经济增长”与“金融稳定”之间平衡的货币政策首要目标，选取的货币政策目标名义锚需要兼顾二者之间的关系。货币政策最终目标选择动态优化调整短期首要目标，并向长期目标转型的调整过程。

二、优化货币政策中间目标

价格型与数量型货币政策中间目标的选择方面，目前以货币供应量这一数量型货币政策中间目标为主。但货币供应量管理实质是一种黑箱式操作，且金融科技的发展使得货币供应量与实体经济的相关性减弱，因此需要动态调整广义货币的统计口径、界定货币内涵、加大货币供给的派生管理以更为精确地反映与经济发展程度相匹配的货币供给量。此外，金融科技发展削弱了货币供应量的可测性、可控性与相关性，但提高了市场的利率敏感性，因此需要逐步增加对价格型货币政策中间目标的运用力度。

三、优化货币政策工具

货币政策传导渠道畅通与否的关键在于货币政策工具的调控效力。在经济发展结构性矛盾突出的情况下，弱化总量型货币政策工具的运用，增加结构性货币政策工具的运用。当前的结构性货币政策工具包括普惠金融定向降准、部分金融机构存款准备金率置换中期借贷便利（MLF）、中期借贷便利（MLF）担保品范围扩大、常备借贷便利（SLF）、抵押补充贷款（PSL）、再贷款和再贴现限额增加等，结构性货币政策工具显示出了结构性调节与降低成本的优势，但结构性货币政策工具的作用对象仍较集中，作用效果有所折扣，未来需要进一步创新货币政策工具，以扩大货币政策的作用对象提高货币政策效率。

四、完善货币政策决策机制

强化前瞻性指引的作用，稳定市场预期。在发达经济体国家，多采用“前瞻性指引”来引导货币政策预期。由于货币政策决策部门的多方关联，央行并不能很好地发挥前瞻性指引的作用。因此，完善货币政策决策机制，增加货币政策透明度和有效指引是稳定市场预期、提高货币政策传导效率的有效途径。

第二节 货币政策与其他政策的协调发展

一、注重货币政策与监管政策的协调

金融科技不仅带来了新的风险，而且增加了货币政策调控的复杂度使

得货币政策传导的预期效果难以预测，因此强化并改善金融监管是重要的选择。未来，在监管措施上，统一监管、消除定价扭曲、强化资本流动性将成为疏通货币政策传导渠道的重要途径；在监管制度安排上，于2017年7月在全国金融工作会议上提出设立的国务院金融稳定发展委员会，凌驾于“一行三会”之上，意在加强监管协调与补齐监管短板，并提出了综合监管、功能监管和行为监管的理念。2018年3月，党的十九届三中全会审议通过《深化党和国家机构改革方案》，并通过了组建中国银行保险监督管理委员会的决议，将中国银行业监督管理委员会和中国保险监督管理委员会的职责整合以便实现协同监管。因此，充分保障国务院金融稳定发展委员会的顶层设计职能，提升中国人民银行地位以保证货币政策独立有效运行，完善与履行中国银行保险监督管理委员会的职责，对强化综合监管、优化监管资源配置、更好地统筹系统重要性金融机构监管具有十分重要的意义。

二、注重货币政策与财政政策的协调

价格机制建立之前，货币政策信贷渠道是当前货币政策传导的重要渠道。商业银行的信贷资源配置结构与效率反映了货币政策信贷渠道的传导效率，现实中金融抑制、融资约束、国有企业隐性担保、刚性兑付等问题使得商业银行投资结构更偏向于大型国有企业，民营企业融资成本大幅高于国有企业，大大降低了货币政策传导的效率。因此，消除信用紧缩的市场局面不能只依靠宽松的货币政策支持，还需要发挥财政政策的结构性功能。首先，发挥积极财政政策的引导作用，通过定向减税、转移支付等手段来鼓励和引导信贷资源向民营企业转移，加快推进硬化地方政府和国有企业预算约束的体制改革，减少政府的直接干预，让民营企业享受与国有企业相同的资本市场和商业银行信贷融资待遇，增强投资的敏感性；其次，通过降低企业经营压力来提升居民消费热情，降低居民负债水平；最后，还要完善社会保障机制，通过税收减免等来降低交易成本，打通货币向信用传导的枢纽。

三、注重货币政策与宏微观审慎政策的协调

随着防范金融风险的需求与重要性提高，货币政策需要与盯住金融稳定的宏观审慎框架共同作用来实现经济增长与金融稳定的平衡。当前已经建立的“宏观审慎评估体系”（Macro Prudential Assessment，MPA）是宏观审慎发挥政策效果的操作体系。宏观审慎评估体系筛选出评估金融风险的指标，并赋予指标权重、相关参数后得出综合性评价。目前 MPA 覆盖面集中于存款机构的差别存款准备金率和广义信贷管理方面，并没有扩大到对所有金融机构的评估，故减弱了对金融风险的监测评估能力。未来，对 MPA 树立动态调整机制，建立数据信息收集系统，拓宽宏观审慎评估体系的全口径统计范围，将互联网金融业务纳入评估体系是健全宏观审慎政策框架，保障金融稳定的重要内容。此外，货币政策还需要强化与微观审慎监管的结合。微观审慎政策出发点是为了精准地对商业银行资产业务进行监管，有助于提高货币政策的结构性调控效果。

第三节　完善金融市场的建设

健全的金融市场是货币政策传导渠道畅通的基础，因此需要进一步深化金融改革，提高金融市场化程度，具体包括：

1. 强化金融科技创新，缓解信息不对称与市场分割现象。深化金融科技的运用范畴，提高金融创新能力以推动证券市场与信贷市场的融合与竞争、交易所市场和银行间市场的融合与竞争，有利于提高市场利率的敏感性，提高利率传导渠道的效率。

2. 完善信用评价体系，发展债券市场。发展债券市场以拓展融资渠道，缓解金融抑制现象是提高货币政策传导效率的必经之途。因此，完善债券的发行结构、发行方式和品种，完善二级市场做市商机制、税收和会计制度，发展利率掉期市场以扩大债券的市场流动性；大力发展征信体系，扩大债券的担保品应用，发展专业性的担保机构。适当放宽发债主体

的限制，真正发挥市场评级的价格发现功能，允许不同评级的发债主体参与发行，增加企业发债来缓解流动性缺口的压力。

3. 加强金融市场基础设施和法制建设。健全的金融市场基础设施是货币政策发挥高效率的有力支撑，因此需要完善税务、会计等金融基础设施建设，完善存款保险、消费者保护等法制建设，有利于消除市场壁垒，降低金融抑制、提高市场透明度。

第四节　深化金融机构的改革

在当前信贷融资主导的情况下，疏通货币政策信贷传导渠道是提高货币政策效率的重要手段。因此需要深化商业银行的改革，包括：

1. 提高商业银行的竞争能力以提高货币政策传导效率。继续推进利率市场化改革、改进增加商业银行之间的竞争。利率市场化之后，迫于竞争的压力，商业银行会寻求主动的资产负债管理。在不同的货币政策影响下，商业银行的信贷规模会相应增加或缩小，信贷资源配置也会相应完善，从而缓解中小企业融资困境，提高货币政策传导效率。

2. 发展资产证券化，提高商业银行的产品定价能力。商业银行产品定价能力是商业银行营利的关键，也是商业银行进行信贷资产管理的基础。推动信贷资产证券化，提高商业银行资产的市场化水平，同时发展同业存单和大额存单，提高商业银行负债的市场化水平，减少商业银行负债成本波动，有助于提高长期信贷的体量和质量。

3. 提高科技的运用水平以增强商业银行的营利能力。商业银行应该借助科技的力量强化自身能力。如加强电子支付系统的运用、充分利用区块链等技术完善投资能力、强化自身金融科技创新水平或与科技公司合作等方式来发展中间业务、创新业务等以提高经营能力。

参考文献

［1］邓辛．金融科技模式变革与业务创新［M］．上海：上海财经大学出版社，2019.

［2］卞志村，张义．央行信息披露、实际干预与通胀预期管理［J］．经济研究，2012（12）．

［3］蔡浩仪，徐忠．消费信贷、信用分配与中国经济发展［J］．金融研究，2005（9）．

［4］陈利平．货币存量中介目标制下我国货币政策低效率的理论分析［J］．金融研究，2006（1）．

［5］陈学彬，杨凌，方松．货币政策效应的微观基础研究——我国居民消费储蓄行为的实证分析［J］．复旦学报（社会科学版），2005（1）．

［6］戴根有．中国央行公开市场业务操作实践和经验［J］．金融研究，2003（1）．

［7］董华平，干杏娣．我国货币政策银行贷款渠道传导效率研究——基于银行业结构的古诺模型［J］．金融研究，2015（10）．

［8］范从来．中国货币政策目标的重新定位［J］．经济学家，2010（7）．

［9］冯科，何理．我国银行上市融资、信贷扩张对货币政策传导机制的影响［J］．经济研究，2011（s2）．

［10］何德旭，张捷．金融周期下的货币政策展望：环境，挑战与选择［J］．上海金融，2018（6）．

［11］何德旭，冯明．新中国货币政策框架70年：变迁与转型［J］．

财贸经济，2019（9）.

［12］胡志九．我国货币政策的数量型调控与价格型调控转型［J］．改革，2018（8）.

［13］黄宪，王露璐，马理．货币政策操作需要考虑银行资本监管吗［J］．金融研究，2012（4）.

［14］纪敏，严宝玉，李宏瑾．杠杆率结构、水平和金融稳定——理论分析框架和中国经验［J］．金融研究，2017（2）.

［15］纪洋，谭语嫣，黄益平．金融双轨制与利率市场化［J］．经济研究，2016（6）.

［16］江小涓，孟丽君．内循环为主、外循环赋能与更高水平双循环——国际经验与中国实践［J］．管理世界，2021（1）.

［17］蒋瑛琨，刘艳武，赵振全．货币渠道与信贷渠道传导机制有效性的实证分析——兼论货币政策中介目标的选择［J］．金融研究，2005（5）.

［18］康继军，傅蕴英，张宗益．中国经济转型与货币需求［J］．经济学（季刊），2012（1）.

［19］李宏瑾，苏乃芳．金融创新、金融脱媒与信用货币创造［J］．财经问题研究，2017（10）.

［20］李宏瑾，苏乃芳．数量规则还是利率规则？——我国转型时期量价混合型货币规则的理论基础［J］．金融研究，2020（10）.

［21］刘斌．资本充足率对我国贷款和经济影响的实证研究［J］．金融研究，2005（11）.

［22］刘海明，李明明．货币政策对微观企业的经济效应再检验——基于贷款期限结构视角的研究［J］．经济研究，2020（2）.

［23］刘莉亚，余晶晶．银行竞争对货币政策传导效率的推动力效应研究——利率市场化进程中银行业的微观证据［J］．国际金融研究，2018（3）.

［24］刘喜和，李良健，高明宽．不确定条件下我国货币政策工具规

则稳健性比较研究［J］. 国际金融研究，2014（7）.

［25］马骏，施康，王红林. 利率传导机制的动态研究［J］. 金融研究，2016（1）.

［26］马骏，王红林. 政策利率传导机制的理论模型［J］. 金融研究，2014（1）.

［27］马理，黄宪，代军. 银行资本约束下的货币政策传导机制研究［J］. 金融研究，2013（5）.

［28］逄锦聚. 深化理解加快构建新发展格局［J］. 经济学动态，2020（10）.

［29］裴平，熊鹏. 我国货币政策传导过程中的"渗漏"效应［J］. 经济研究，2003（8）.

［30］彭俞超，方意. 结构性货币政策、产业结构升级与经济稳定［J］. 经济研究，2016（7）.

［31］钱雪松，杜立，马文涛. 中国货币政策利率传导有效性研究：中介效应和体制内外差异［J］. 管理世界，2015（11）.

［32］裘骏峰. 国际储备积累、实物与资产价格通胀及货币政策独立性［J］. 经济学（季刊），2015（1）.

［33］饶品贵，姜国华. 货币政策对银行信贷与商业信用互动关系影响研究［J］. 经济研究，2013（1）.

［34］盛松成，吴培新. 中国货币政策的二元传导机制［J］. 经济研究，2008（10）.

［35］盛松成. 社会融资规模与货币政策传导［J］. 金融研究，2012（10）.

［36］盛松成. 社会融资规模与货币政策传导［J］. 金融研究，2012（10）.

［37］苏治，刘程程，位雪丽. 经济不确定性是否会弱化中国货币政策有效性［J］. 世界经济，2019（10）.

［38］孙国峰. 后危机时代的全球货币政策新框架［J］. 国际金融研

究，2017（12）.

［39］孙国峰．正确理解稳健中性的货币政策［J］．中国金融，2018（15）.

［40］孙明华．我国货币政策传导机制的实证分析［J］．财经研究，2004（3）.

［41］索彦峰，陈继明．资产规模、资本状况与商业银行资产组合行为——基于中国银行业面板数据的实证分析［J］．金融研究，2008（6）.

［42］汪莉，王先爽．央行预期管理，通胀波动与银行风险承担［J］．经济研究，2015（10）.

［43］王艳真，李秀敏，黄栋．中国国际资本流动与货币政策间的动态关系研究［J］．国际金融研究，2018（4）.

［44］王一鸣．百年大变局、高质量发展与构建新发展格局［J］．管理世界，2020（12）.

［45］王振山，王志强．我国货币政策传导途径的实证研究［J］．财经问题研究，2000（12）.

［46］王周伟，王衡．货币政策、银行异质性与流动性创造［J］．国际金融研究，2016（2）.

［47］伍戈，刘琨．金融脱媒与货币政策传导：基于中国的实证分析［J］．金融监管研究，2013（12）.

［48］伍戈，连飞．中国货币政策转型研究：基于数量与价格混合规则的探索［J］．世界经济，2016（3）.

［49］夏斌，廖强．货币供应量已不宜作为当前我国货币政策的中介目标［J］．经济研究，2001（8）.

［50］徐明东，陈学彬．货币环境、资本充足率与商业银行风险承担［J］．金融研究，2012（7）.

［51］徐明东，陈学斌．中国国际收支顺差的流动性分配效应与银行贷款渠道检验［J］．世界经济，2011（8）.

［52］徐明东，田素华．中国国际收支双顺差与货币供给动态关系：

1994—2007——基于抵消系数和冲销系数模型的分析［J］. 财经研究，2007（12）.

［53］徐小华，陈琦. 交易所债券市场与银行间债券市场价格反应差异研究——基于重大信息公布的视角［J］. 财贸经济，2014（6）.

［54］徐忠. 经济高质量发展阶段的中国货币调控方式转型［J］. 金融研究，2018（4）.

［55］杨兴全，尹兴强. 谁受到了货币政策的有效调控？——基于上市公司投资行为的研究［J］. 会计研究，2017（4）.

［56］易纲. 货币政策回顾与展望［J］. 中国金融，2018（3）.

［57］战明华，王晓君，应诚炜. 利率控制、银行信贷配给行为变异与上市公司的融资约束［J］. 经济学（季刊），2013（4）.

［58］战明华，应诚炜. 利率市场化改革、企业产权异质与货币政策广义信贷渠道的效应［J］. 经济研究，2015（9）.

［59］张成思，孙宇辰. 中国货币政策的信心传导机制［J］. 财贸经济，2018（10）.

［60］张承惠，高善文，陈道富. 中国银行体系贷款供给的决定及其对经济波动的影响［J］. 金融研究，2003（8）.

［61］张鹤，张代强，姚远. 货币政策透明度与反通货膨胀［J］. 经济研究，2009（7）.

［62］张辉，黄泽华. 我国货币政策利率传导机制的实证研究［J］. 经济学动态，2011（3）.

［63］张龙，殷红，王擎. 数量型还是价格型——来自货币政策"非线性"有效性的经验证据［J］. 中国工业经济，2020（7）.

［64］张淑娟，王晓天. 货币政策产业效应的双重非对称性研究——基于 STVEC 模型的非线性分析［J］. 金融研究，2016（7）.

［65］张屹山，孟宪春，李天宇. 我国货币政策转型机制研究——基于国际经验视角［J］. 数量经济研究，2017（1）.

［66］中国人民银行营业管理部课题组. 总部经济对中国货币政策传

导渠道影响机制研究［J］. 金融研究，2008（7）.

［67］周黎安. 中国地方官员的晋升锦标赛模式研究［J］. 经济研究，2007（7）.

［68］周小川. 当前研究和完善货币政策传导机制需要关注的几个问题——在中国人民银行和 IMF 共同举办的“中国货币政策传导机制高级研讨会”上的发言，2004.

［69］庄子罐，崔小勇，赵晓军. 不确定性、宏观经济波动与中国货币政策规则选择——基于贝叶斯 DSGE 模型的数量分析［J］. 管理世界，2016（11）.

［70］Aiello，F.，and Bonanno，G.，Bank Efficiency and Local Market Conditions Evidence from Italy. *Journal of Economics and Business*，Vol. 83，No. C，2016：70 –90.

［71］Aigner，D. et al.，Formulation and Estimation of Stochastic Frontier Production Function Models. *Journal of econometrics*，Vol. 6，No. 1，1977：21 –37.

［72］Akins，B. et al.，Bank Competition and Financial Stability：Evidence from the Financial Crisis. *Journal of Financial and Quantitative Analysis*，Vol. 51，No. 1，2016：1 –28.

［73］Allen，F.，and Gale D. Competition and Financial Stability. *Journal of Money，Credit，and Banking*，Vol. 36，No. 3，2004：453 –480.

［74］Altunba，Y. et al.，Evidence on the Bank Lending Channel in Europe. *Journal of Banking and Finance*，Vol. 26，No. 11，2002：2093 –2110.

［75］Altunbas，Y. et al.，Efficiency and Risk in Japanese Banking. *Journal of Banking and Finance*，Vol. 24，No. 10，2000：1605 –1628.

［76］Amidu，M.，and Wolfe，S.，The Effect of Banking Market Structure on the Lending Channel：Evidence from Emerging Markets. *Review of Financial Economics*，Vol. 22，No. 4，2013：146 –157.

[77] Ando, A., and Modigliani, F., The "Life Cycle" Hypothesis of Saving: Aggregate Implications and Tests. *The American economic review*, Vol. 53, No. 1, 1963: 55 -84.

[78] Andries, A. M., and Capraru, B., Convergence of Bank Efficiency in Emerging Markets: The Experience of Central and Eastern European Countries. *Emerging Markets Finance and Trade*, Vol. 50, No. sup4, 2014: 9 -30.

[79] Angeloni, I. et al., Monetary Policy Transmission in the Euro Area: A Study by the Eurosystem Monetary Transmission Network. *Cambridge University Press*, 2003.

[80] Angeloni, I. et al., Monetary Policy and Risk Taking. *Journal of Economic Dynamics and Control*, Vol. 52, 2015: 285 -307.

[81] AWeiss, J. E. and Stiglitz (1981), Credit Rationing in Markets with Imperfect Information. *The American Economic Review*, Vol. 71, No. 3, 1981: 393 -410.

[82] Bauer, M. D., and Rudebusch, G. D., Monetary Policy Expectations at the Zero Lower Bound. *Journal of Money, Credit and Banking*, Vol. 48, No. 7, 2016: 1439 -1465.

[83] Berger, A. N., and Hannan, T. H., The Price - Concentration Relationship in Banking. *The Review of Economics and Statistics*, Vol. 71, 1989: 291 -299.

[84] Berger, A., and Bowman, C., How Does Capital Affect Bank Performance During Financial Crises?. *Journal of Financial Economics*, Vol. 109, No. 1, 2013: 146 -176.

[85] Berger, A. N. et al., Bank Competition and Financial Stability. *Financ. Serv. Res*, Vol. 35, No. 2, 2009: 99 -118.

[86] Berger, A. N., and DeYoung, R., Technological progress and the geographic expansion of the banking industry. *Journal of Money, Credit, and Banking*, Vol. 38, No. 6, 2006: 1483 -1513.

[87] Bernanke, B. S., and Blinder, A. S., Credit, Money, and Aggregate Demand. *The American Economic Review Papers and Proceedings*, Vol. 78, No. 2, 1988: 435 - 439.

[88] Bernanke, B. S., and Gertler, M., Financial Fragility and Economic Performance. *The Quarterly Journal of Economics*, Vol. 105, No. 1, 1990: 87 - 114.

[89] Bernanke, B. S., and Mihov, I, Measuring Monetary Policy. *The Quarterly Journal of Economics*, Vol. 113, No. 3, 1998: 869 - 902.

[90] Bernanke, B. S. et al., The Financial Accelerator in A Quantitative Business Cycle Framework. *Handbook of macroeconomics*, Vol. 1, 1999: 1341 - 1393.

[91] Bikker, J. A., and Haaf, K., Competition, Concentration and Their Relationship: An Empirical Analysis of the Banking Industry. *Journal of Banking and Finance*, Vol. 26, No. 11, 2002: 2191 - 2214.

[92] Bofinger, P. et al., "Monetary Policy: Goals, Institutions, Strategies, and Instruments", *Oxford University Press on Demand*, 2001.

[93] Boivin, J. et al., How Has the Monetary Transmission Mechanism Evolved Over Time?. *Handbook of Monetary Economics*, Vol. 3, 2010: 369 - 422.

[94] Borio, C., The Financial Cycle and Macroeconomics: What Have We Learnt?. *Journal of Banking and Finance*, Vol. 45, 2014: 182 - 198.

[95] Borio, C., and Zhu, H., Capital Regulation, Risk - Taking and Monetary Policy: A Missing Link in the Transmission Mechanism?. *BIS Working Papers*, 2008.

[96] Borio, C. E. V., and Lowe, P. W, Asset Prices, Financial and Monetary Stability: Exploring the Nexus. *BIS Working Paper*, 2002.

[97] Bougheas, S. et al., Access to External Fnance: Theory and Evidence on the Impact of Monetary Policy and Firm - Specific Characteris-

tics. *Journal of Banking and Finance*, Vol. 30, No. 1, 2006: 199 -227.

[98] Brei, M., and Schclarek, A., A Theoretical Model of Bank Lending: Does Ownership Matter in Times of Crisis?. *Journal of Banking and Finance*, Vol. 50, 2015: 298 -307.

[99] Choi, W., G., Oh S., A money demand function with output uncertainty, monetary uncertainty, and financial innovations. *Journal of Money, Credit and Banking*, 2003: 685 -709.

[100] Chortareas, G. et al., Credit Market Freedom and Cost Efficiency in US State Banking. *J. Empir. Finance*, Vol. 37, No. C, 2016: 173 -185.

[101] Christiano, L. et al., Financial Factors in Economic Fluctuations. *ECB Working Paper*, 2010.

[102] Crowe, C., and Meade, E., The Evolution of Central Bank Governance Around the World. *Journal of Economic Perspectives*, Vol. 21, No. 4, 2007: 69 -90.

[103] Davig, T., and Leeper, E. M., Monetary - Fiscal Policy Interactions and Fiscal Stimulus. *European Economic Review*, Vol. 55, No. 2, 2011: 211 -227.

[104] Davis, R. G. et al., Bankers on Pricing Consumer Deposits. *Federal Reserve Bank of New York Quarterly Review*, No. 11, 1987: 6 -13.

[105] Dell' Ariccia, G. et al., Suarez. Bank Leverage and Monetary Policy's Risk - Taking Channel: Evidence from the United States. *Journal of Finance*, Vol. 72, No. 2, 2017: 613 -654.

[106] Djedaiet, A., and Ayad, H., Hard Currency in Flows and Serilization Policy in Algeria: An ARDL approach. *Theoretical and Applied Economics*, Vol. 24, No. 3, 2017.

[107] Dornbusch, R., Expectations and Exchange Rate Dynamics. *Journal of Political Economy*, Vol. 84, No. 6, 1976: 1161 -1176.

[108] Duygun, M. et al., Schumpeterian Competition and Efficiency

Among Commercial Banks. *Journal of banking and finance*, Vol. 37, No. 12, 2013: 5176 -5185.

[109] Edwards, F. R., and Mishkin, F. S, The Decline of Traditional Banking: Implications for Financial Stability and Regulatory Policy. *Nber Working Papers (July)*, 1995.

[110] Eggertsson, G. B., and Woodford, M., Optimal Monetary and Fiscal Policy in A Liquidity Trap. *National Bureau of Economic Research*, 2004.

[111] Farrell, M. J., The Measurement of Productive Efficiency. *Journal of the Royal Statistical Society, Series A (General)*, Vol. 120, No. 3, 1957: 253 -290.

[112] Fiordelisi, F., D. et al., Efficiency and Risk in European Banking. *Journal of Banking and Finance*, Vol. 35, No. 5, 2011: 1315 -1326.

[113] Fisher, I., The Debt - Deflation Theory of Great Depressions. *Econometrica: Journal of the Econometric Society*, 1933: 337 -357.

[114] Friedman, M., and Schwartz, A. J., A Monetary History of the United States 1867 -1960. *Princeton University Press*, 1963.

[115] Friedman, M., and Schwartz, A. J., Money and Business Cycles. *Review of Economics and Statistics*, Vol. 45, No. 1, 1963: 32 -64.

[116] Friedman, M. et al., Studies in the Quantity Theory of Money. *University of Chicago Press*, 1956.

[117] Friedman, M., Monetary Policy: Theory and Practice. *Journal of Money, Credit and Banking*, Vol. 14, No. 1, 1982: 98 -118.

[118] Fungacova, Z., et al., Is Bank Competition Detrimental to Efficiency? Evidence from China. *China Economic Review*, Vol. 27, No. C, 2013: 121 -134.

[119] Funke, M. et al., Monetary Policy Transmission in China: A DSGE Model with Parallel Shadow Banking and Interest Rate Control. *BOFIT Discussion* 9, 2015.

[120] Gersl, A., and Hermanek, J., Financial Stability Indicators: Advantages and Sisadvantages of Their Use in the Assessment of Financial System Stability. *Occasional Publications – Chapters in Edited Volumes*, 2007.

[121] Gertler, M., and Karadi, P., Qe 1 vs. 2 vs. 3...: A Framework for Analyzing Large – Scale Asset Purchases as A Monetary Policy Tool. *International Journal of central Banking*, Vol. 9, No. 1, 2013: 5 – 53.

[122] Giroud, X., and Mueller, H. M., Firm Leverage, Consumer Demand, and Employment Losses During the Great Recession. *The Quarterly Journal of Economics*, Vol. 132, No. 1, 2017: 271 – 316.

[123] Glick, R., and Hutchison, M., Navigating the Trilemma: Capital Flows and Monetary Policy in China. *Journal of Asian Economics*, Vol. 20, No. 3, 2009: 205 – 224.

[124] Hubbard, R. G. et al., Internal Finance and Firm Investment. *National Bureau of Economic Research*, 1993.

[125] Iacoviello, M., Navarro, G., Foreign effects of higher US interest rates. *Journal of International Money and Finance*, Vol. 95, 2019: 232 – 250.

[126] Illueca, M. et al., Liberalization and Risk – Taking: Evidence from Government – Controlled Banks. *Review of Finance*, Vol. 18, No. 4, 2014: 1217 – 1257.

[127] Jaffee, D. and Modigliani, M., A Theory and Test of Credit Rationing. *The American ecomonic Review*, Vol. 5, 1969: 850 – 872.

[128] Kaldor, N., The New Monetarism. *Lloyds Bank Review*, Vol. 97, 1970: 1 – 17.

[129] Kaldor, N., The Scourge of Monetarism. *Oxford University Press*, 1982.

[130] Kamber, G., and Mohanty, M. S., Do Interest Rates Play A Major Role in Monetary Policy Transmission in China? *BIS Working Papers*, 2018.

[131] Kashyap, A. K., and Stein, J. C., What Do A Million Observa-

tions on Banks Say About the Transmission of Monetary Policy?. *American Economic Review*, Vol. 90, No. 3, 2000: 407 -428.

[132] Keefer, P., and Stasavage, D., The Limits of Delegation: Veto Players, Central Bank Independence, and The Credibility of Monetary Policy. *American political science review*, Vol. 97, No. 3, 2003: 407 -423.

[133] Keynes, J. M., The General Theory of Employment, Investment, and Money. *London and New York*, 1936.

[134] Kishan, R. P., and Opiela, T. P., Bank Capital and lLoan Asymmetry in the Transmission of Monetary Policy. *Journal of Banking and Finance*, Vol. 30, No. 1, 2006: 259 -285.

[135] Koivu, T., Has the Chinese Economy Become More Sensitive to Interest Rates? Studying Credit Demand in China. *China Economic Review*, Vol. 20, No. 3, 2009: 455 -470.

[136] Kool, C., and Thornton, D., How Effective is Central Forward Guidance?. *Federal Reserve Bank of Saint Louis Working Paper Series*, 2012.

[137] Kouki, I., and Al - Nasser, A., The Implication of Banking Competition: Evidence from African Countries. *Research in International Business and Finance*, Vol. 39, No. PB, 2017: 878 -895.

[138] Kregel, J. A., Margins of safety and weight of the argument in generating financial fragility. *Journal of Economic Issues*, Vol. 31, No. 2, 1997: 163 -178.

[139] Kuttner, K., N., Mosser, P. C., The monetary transmission mechanism: some answers and further questions. *Economic Policy Review*, Vol. 8, No. 1, 2002.

[140] Laeven, L., and Levine, R., Bank Governance, Regulation and Risk Taking. *Journal of Financial Economics*, Vol. 93, No. 2, 2009: 259 -275.

[141] Li, M. et al., Effect of Capital Constraints on Risk Preference Behavior of Commercial Banks. *China Finance Review International*, Vol. 1, No. 2,

2011：168 - 186.

［142］ Liao, W., Tapsoba, M. S. J. A., China's monetary policy and interest rate liberalization：Lessons from international experiences. *International Monetary Fund*, 2014.

［143］ Litterman, R. B., and Laurence, W., Money, Real interest Rates, and Output：A Reinterpretation of Postwar U. S. Data. *Econometrica*, Vol. 53, 1985：129 - 156.

［144］ Liu, H. et al., Competition and Risk in South East Asian Commercial Banking. *Appl. Econ.*, Vol. 44, No. 28, 2012：3627 - 3644.

［145］ Los, B., et al., How Global Are Global Value Chains? A New Approach to Measure International Fragmentation. *Journal of Regional Science*, Vol. 55, No. 1, 2015：66 - 92.

［146］ Maggio, M. D. et al., How Quantitative Wasing Works：Evidence on the Refinancing Channel. *National Bureau of Economic Research*, 2016.

［147］ Maudos, J., and de Guevara, J. F., The Cost of Market Power in Banking：Social Welfare Loss vs. Cost in Efficiency. *Journal of Banking and Finance*, Vol. 31, No. 7, 2007：2103 - 2125.

［148］ McCallum, B. T., The Case for Rules in the Conduct of Monetary Policy：A Concrete Example. *Review of World Economics*, Vol. 123, No. 3, 1987：415 - 429.

［149］ McCallum, B. T., Robustness Properties of A Rule for Monetary Policy. Carnegie - Rochester Conference Series on Public Policy. *North - Holland*, Vol. 29, 1988：173 - 203.

［150］ McCallum, B. T., Monetary Policy Rules and Financial Stability. Review of World Economics. *Financial Stability in A Changing Environment*, *Palgrave Macmillan*, *London*, 1995.

［151］ Whitesell, W., Interest rate corridors and reserves. *Journal of Mo-*

netary economics, Vol. 53, No. 6, 2006: 1177 – 1195.

[152] Minsky, H., The financial instability hypothesis: capitalist process and the behavior of the economy in financial crises. *Cambridge: Cambridge University Press*, 1982.

[153] Mishkin, F. S., Symposium on the Monetary Transmission Mechanism. *Journal of Economic perspectives*, Vol. 9, No. 4, 1995: 3 – 10.

[154] Mishkin, F. S., Monetary Policy Strategy: Lessons From the Crisis. *National Bureau of Economic Research*, 2011.

[155] Moessner, R., and Nelson, W. R., Central Bank Policy Rate Guidance and Financial Market Functioning, 2008.

[156] Mohanty, M. S., and Turner, P., Monetary Policy Transmission in Emerging Market Economies: What Is New?. *BIS papers*, Vol. 35, 2008: 1 – 59.

[157] Naceur, S. B., and Omran, M., The Effects of Bank Regulations, Competition, and Financial Reforms on Banks' Performance. *Emerging markets review*, Vol. 12, No. 1, 2011: 1 – 20.

[158] Olivero, M. P. et al., Competition in Banking and the Lending Channel: Evidence from Bank – Level Data in Asia and Latin America. *Journal of Banking and Finance*, Vol. 35, No. 3, 2011: 560 – 571.

[159] Pessarossi, P., and Weill, L., Do Capital Requirements Affect Cost Efficiency? Evidence from Experience. *Journal of Financial Stability*, Vol. 4, No. 2, 2014: 135 – 148.

[160] Rajan, R. G., and Zingales, L., The Great Reversals: the Politics of Financial Development in the Twentieth Century. *Journal of Financial Economics*, Vol. 69, No. 1, 2003: 5 – 50.

[161] Rajan, R. G., Has Finance Made the World Riskier?. *European Financial Management*, Vol. 12, No. 4, 2005: 499 – 533.

[162] Ramcharran, H., Bank Lending to Small Business in India Analyzing

Productivity and Efficiency. *The Quat. Rev. of Econ. and Fin. Forthcoming*, 2016.

[163] Rey, H., Dilemma Not Trilemma: the Global Financial Cycle and Monetary Policy Independence. *National Bureau of Economic Research*, 2015.

[164] Roldos, J., Disintermediation and Monetary Transmission in Canada. *International Monetary Fund*, 2006.

[165] Roosa, R. V., Interest Rates and the Central Bank, Money, Trade, and Economic Growth: in Honor of John Henry Williams. *The MacMillan Co. New York*, 1951: 270 - 295.

[166] Rothschild, M., and Stiglitz, J. E., Equilibrium in Competitive Insurance Market: An Essay on the Economics of Imperfect Information. *Quarterly Journal of Economics*, Vol. 90, No. 4, 1976: 629 - 649.

[167] Rudebusch, G. D., and Svensson, L. E. O., Eurosystem Monetary Targeting: Lessons from US Data. *European Economic Review*, Vol. 46, No. 3, 2002: 417 - 442.

[168] Saeed, M., and Izzeldin. M., Examining the Relationship Between Default Risk and Efficiency in Islamic and Conventional Banks. *Journal of Economic Behavior and Organization*, Vol. 132, 2016: 127 - 154.

[169] Sargent, T. J., and Wallace, N., Some Unpleasant Monetarist Arithmetic. *Federal Reserve Bank of Minneapolis Auarterly Review*, Vol. 5, No. 3, 1981: 1 - 17.

[170] Sarmiento, M., and Galán., J. E., The Influence of Risk - Taking on Bank Efficiency: Evidence from Colombia. *Emerging Markets Review*, Vol. 100, No. 32, 2017: 52 - 73.

[171] Schenkelberg, H., and Sebastian, W., Real Effects of Quantitative Easing at the Zero Lower Bound: Structural VAR - based Evidence from Japan. *Cesifo Working Paper*, 2011.

[172] Stiglitz, J. E., and Weiss, A., Credit Rationing in Markets with Imperfect Information. *The American Economic Review*, Vol. 71, No. 3, 1981:

393 – 410.

[173] Sturgeon, T., Upgrading Strategies for the Digital Economy. *Global Strategy Journal*, Vol. 9, No. 4, 2019: 206 – 218.

[174] Tan, C. K., and Kim – Leng, G., Financial Disintermediation in the 1990s: Implications on Monetary Policy in Malaysia, the 15th Annual Conference on Pacific Basin Finance. *Economics Accounting and Management*, Vol. 6, 2009: 1 – 27.

[175] Taylor, J., Discretion Versus Policy Rules in Practice. *Carnegie – Rochester Conference Series on Public Policy*, Vol. 39, 1993: 195 – 214.

[176] Tobin, J., A General Equilibrium Approach to Monetary Theory. *Journal of money, credit and banking*, Vol. 1, No. 1, 1969: 15 – 29.

[177] Weill L., Measuring Cost Efficiency in European Banking: A Comparison of Frontier Techniques. *J Product Anal*, Vol. 21, No. 2, 2004: 133 – 152.

[178] Woodford, M., Imperfect Common Knowledge and the Effects of Monetary Policy. *National Bureau of Economic Research*, 2001.

[179] Woodford, M., Central Bank Communication and Policy Effectiveness. *National Bureau of Economic Research*, 2005.

附　录

附录 A

具体的商业银行效率计算模型如下：

1. 投入与产出指标的选择

计算商业银行效率需要定义目标函数与投入产出变量，准确定义商业银行的投入和产出关系到计算结果的准确性。对投入、产出的选择经历了单一产出到目前广泛采用的多元产出方法这一过程。多元产出的主要方法有生产法和中介法，中介法强调商业银行运用购买和累积的基金和其他物理性投入来共同提供可以用价值衡量的产出；生产法强调商业银行的投入仅仅包括物理性投入，比如劳动和资本来提供投入，产出用存款和信贷量或者贸易产品来衡量。中介法适用于估计整个商业银行的效率，而生产法适用于估计分支行的效率。

生产法和中介法对商业银行的角色定义不同，从而对存款这一指标的处理不同。中介法强调商业银行的信用中介角色，存款被当作积累的资金从而被当作投入，生产法则强调商业银行经营机构的角色，从而将存款作为一种产出。由于本部分估计的是整个商业银行的效率，且强调商业银行的社会融资中介功能，因此本部分用中介法来定义投入和产出指标（见表1）。

表 1　　投入与产出指标

指标类型	符号	指标含义	指标计算方法
投入	w_1	可贷资金价格	存款利息支出/存款平均余额
	w_2	劳动力价格	人员支出/总资产
	w_3	固定资产价格（资本价格）	非利息支出/固定资产总额
净投入	z	权益	
产出	Y_1	贷款余额	年度贷款余额
	Y_2	其他营利性资产	包括短期、长期投资及其他证券投资等
	Y_3	非利息收入	手续费、佣金和其他营业收入
实际总成本	TC	实际总成本 = 手续费 + 利息支出 + 营业费用	
实际利润	π	实际利润 = 税后利润	

2、目标函数的选择

估计效率因子关键是要选择合适的目标函数，现有研究一般选择 Cobb – Douglas 函数或超越对数成本函数，Cobb – Douglas 函数强调商业银行要素替代弹性为 1，该设定不太符合现实，超越对数函数允许二阶效应的存在，更符合现实情况。参考 Aiello 和 Bonanno（2016），本部分计算商业银行的成本函数与利润函数时，选择的超越对数成本函数形式为：

$$
\begin{aligned}
\ln(TC/w_2A) = {} & \alpha + \sum_{i=1}\beta_i\ln(Y_i/A) + \sum_{k=1}\varphi_k\ln(w_k/w_2) + \sum_{r=1}\zeta_r\ln(z_r/A) \\
& + \frac{1}{2}\cdot\sum_{i=1}\sum_{j=1}\beta_{ij}\ln(Y_i/A)\ln(Y_j/A) \\
& + \frac{1}{2}\cdot\sum_{k=1}\sum_{m=1}\psi_{km}\ln(w_k/w_2)\ln(w_m/w_2) \\
& + \frac{1}{2}\cdot\sum_{i=1}\sum_{l=1}\varsigma_{il}\ln(z_i/A)\ln(z_l/A) \\
& + \sum_{j=1}\sum_{k=1}\lambda_{jk}\ln(Y_j/A)\ln(w_k/w_2) \\
& + \sum_{i=1}\sum_{k=1}\upsilon_{ik}\ln(Y_i/A)\ln(z_k/A) \\
& + \sum_{i=1}\sum_{n=1}\omega_{in}\ln(w_i/w_2)\ln(z_n/A) \\
& + \tau_1 T + \frac{1}{2}\cdot\tau_{11}T^2 + \ln v_{it} + \ln u_{it}
\end{aligned}
$$

其中，TC 代表商业银行的总成本，Y_i 是产出，w_k 是投入要素的价格，z_r 是净投入，α、β、φ、ψ、ω、τ、υ、λ、ζ、ς是待估计的参数。用某一投入要素价格 w 将成本和其他要素价格标准化，从而设定投入要素价格的线性齐次性要求。用总资产规模 A 对成本、要素价格、其他净投入和产出标准化，以控制异方差的影响。

参数满足价格的齐次性，即 $\sum_k \varphi_k = 1$，$\sum_k \psi_{km} = 0, \forall m$，$\sum_j \lambda_{jk} = 1, \forall k$，$\sum_i \omega_{in} = 1, \forall n$；与对称性，即 $\psi_{km} = \psi_{mk}, \forall m.k$，$\varsigma_{il} = \varsigma_{li}, \forall i,l$，$\beta_{ij} = \beta_{ji}, \forall i,j$。

同理，计算利润函数时将商业银行的总成本替换为税前利润 π。

参考文献：

Aiello F, and G. Bonanno. Efficiency in Banking: A Meta - Regression Analysis [J]. International review of applied economics, 2016, 30 (1): 112 - 149.

附录 B

Lerner 的计算公式表示为 $Lerner_{i,t} = (p_{i,t} - MC_{i,t})/p_{i,t}$，价格 P 表示第 i 家银行第 t 年的贷款价格，用贷款利息收入与总贷款量比值表示。依据 Horvath 等（2014）和 Beck 等（2013），本部分构建一个三投入、单产出的超越成本函数并以此估算边际成本：

$$\ln TC_{i,t} = \alpha_0 + \alpha_1(\ln Q_{i,t})^2 + \sum_{j=1}^{3}\beta_j \ln W_{j,i,t} + \sum_{j=1}^{3}\sum_{k=1}^{3}\beta_{j,k}\ln W_{j,i,t}\ln W_{k,i,t} + \sum_{j=1}^{3}\gamma_j \ln W_{j,i,t}\ln Q_{i,t} + F_i + Y_t + \varepsilon_{i,t} \tag{1}$$

其中，$TC_{i,t}$ 测度总成本，包括利息支出、员工薪酬和其他管理成本；$Q_{i,t}$ 表示银行的总产出，用总资产来表示；W_1 表示固定资产价格，用营业外支出除以固定资产表示；W_2 表示劳动价格，用员工薪酬与资产总额之比来表示；W_3 表示借入资本价格，用利息支出与所有借入资金（包括总存款、同业存款、其他短期借款等货币市场短期资金）之比来表示。

同时，我们加入反映银行个体特征的虚拟变量 F_i 和反映银行成本技术变化的时间虚拟变量 Y_t。为了实现（1）的规范性，令价格满足如下对称性和线性同质性约束条件：

$$\sum_{j=1}^{3}\beta_j = 1, \sum_{j=1}^{3}\gamma_j = 0, \forall k \in \{1,2,3\}: \sum_{j=1}^{3}\beta_{j,k} = 0 \tag{2}$$

通过对（1）的估计，可以得到边际成本函数如下：

$$MC_{i,t} = \frac{\partial TC_{i,t}}{\partial Q_{i,t}} = \frac{TC_{i,t}}{Q_{i,t}}(\alpha_1 + \alpha_2 \ln Q_{i,t} + \sum_{j=1}^{3}\gamma_j \ln W_{j,i,t}) \tag{3}$$

进而可以通过公式求得每家银行每年的 Lerner 指数。

参考文献：

［1］ Horvath, R., J. Seidler, and L. Weill. How Bank Competition Influences Liquidity Creation ［J］. Economic Modelling, 2016, 52: 155 - 161.

［2］ Beck, T., O. D. Jonghe, and G. Schepens. Bank Competition and Stability: Cross - Country Heterogeneity ［J］. Journal of Financial Intermediation, 2013, 22 (2): 218 - 244.

附录 C

表 1　　竞争对低风险承担水平商业银行的效率影响

	(1) *profit*			(2) *cost*		
L. Y	0.6317***	0.6421***	0.6317***	0.4453***	0.4681***	0.3756***
	(87.8044)	(54.6108)	(38.0983)	(33.5482)	(19.4462)	(16.4328)
ln (*M*1)	-0.0363			0.2110***		
	(-0.7553)			(5.2669)		
Rr		0.0691***			-0.0057	
		(11.6352)			(-0.9548)	
lr			0.1531***			-0.0973***
			(7.4216)			(-6.3374)
RISK	-4.2397***	-2.3651***	-3.9449***	-3.4967***	-4.7881***	-5.5315***
	(-14.4941)	(-3.8760)	(-11.9508)	(-5.5647)	(-5.2539)	(-5.6212)
h	-2.2178***	-2.0683***	-2.2032***	-0.3108	-0.4238*	-0.2976
	(-15.9150)	(-17.9105)	(-15.9174)	(-1.6187)	(-1.8167)	(-1.0611)
size	0.0471***	0.0501***	0.0333***	-0.0708***	-0.0661***	-0.0805***
	(7.2244)	(9.7067)	(5.5758)	(-5.4255)	(-4.0423)	(-4.7658)
alloc	0.2987*	0.2453***	-0.2758	1.4645***	1.0694***	1.3513***
	(1.8323)	(3.1678)	(-1.1837)	(14.5775)	(5.4987)	(6.5969)
liq	-0.5008***	-0.5400***	-0.7396***	3.3476***	2.9887***	3.5901***
	(-4.6711)	(-6.6944)	(-4.4303)	(19.2387)	(15.0689)	(17.1248)
cap	-1.8510***	-2.1967***	-2.3393***	-0.7496	-1.1324	-0.4075
	(-3.7006)	(-5.9724)	(-5.5356)	(-0.9208)	(-1.2326)	(-0.4171)
ROA	0.4181***	0.3602***	0.3651***	-0.1392***	-0.1567***	-0.0988***
	(13.1999)	(14.1547)	(10.1383)	(-4.1317)	(-3.2647)	(-2.9990)
r_GDP	-0.0072	0.0933***	0.0051	-0.0203*	-0.0709***	-0.0627***
	(-1.2540)	(11.6857)	(0.6643)	(-1.8022)	(-3.9906)	(-4.5251)
CPI	0.0266***	0.0319***	0.0455***	0.0181***	0.0240***	0.0090**
	(7.3062)	(13.8455)	(8.7934)	(4.4568)	(7.0996)	(2.2550)

续表

	(1) *profit*			(2) *cost*		
_cons	-1.5691*** (-2.7635)	-4.8904*** (-12.1812)	-5.4006*** (-6.4738)	1.7943*** (3.9992)	4.3039*** (12.2834)	7.3103*** (14.1671)
N	160	160	160	160	160	160
sarganp	0.9397	0.9915	0.9920	0.9744	0.9959	0.9958
Ar (1)	0.0856	0.0806	0.0833	0.0240	0.0215	0.0330
Ar (2)	0.3814	0.5320	0.3152	0.2711	0.2744	0.2771

注：括号里的数字为 t 统计量；*、**、*** 分别代表在 10%、5%、1% 的程度上显著。

附录 D

表 1　　　　不良贷款率衡量商业银行风险的稳健性检验

	(1) *profit*			(2) *cost*			(3) *profit*			(4) *cost*		
L.Y	0.729***	0.676***	0.675***	0.447***	0.436***	0.399***	0.646***	0.661***	0.668***	0.469***	0.432***	0.384***
	(41.493)	(46.986)	(30.576)	(20.325)	(28.925)	(10.951)	(51.900)	(34.491)	(33.552)	(24.446)	(24.380)	(19.847)
ln(*M*1)	-0.278***			0.181***			0.045			0.305***		
	(-5.213)			(2.844)			(0.825)			(4.661)		
Rr		0.041***			-0.004			0.060***			-0.010**	
		(7.077)			(-0.661)			(9.104)			(-2.305)	
lr			0.127***			-0.146***			0.131***			-0.178***
			(6.057)			(-6.460)			(6.250)			(-7.931)
$risk_d$ * *Cap* * *MA*							-0.032***	-0.029***	-0.189***	-0.016	0.104***	0.473***
							(-2.847)	(-5.148)	(-4.386)	(-0.946)	(7.465)	(8.237)
RISK	-0.223***	-0.172***	-0.235***	-0.094***	-0.115***	-0.115***	-8.795***	-7.123***	-6.183***	-0.050**	-23.471***	-27.092***
	(-10.618)	(-9.486)	(-19.113)	(-3.254)	(-3.612)	(-5.328)	(-8.276)	(-4.184)	(-4.295)	(-2.076)	(-8.260)	(-9.802)
h	-1.833***	-1.865***	-1.707***	-0.058	0.019	-0.016	-2.330***	-2.195***	-2.254***	-0.125	-0.408*	-0.314
	(-16.522)	(-15.415)	(-13.370)	(-0.275)	(0.074)	(-0.083)	(-17.377)	(-18.213)	(-12.638)	(-0.563)	(-1.892)	(-1.340)
size	0.048***	0.050***	0.042***	-0.068***	-0.073***	-0.052***	0.039***	0.036***	0.033***	-0.055***	-0.062***	-0.071***
	(9.984)	(13.118)	(8.598)	(-5.908)	(-5.571)	(-2.886)	(6.964)	(6.307)	(5.990)	(-5.625)	(-4.111)	(-4.474)
alloc	-0.037	0.254**	-0.198	1.086***	1.142***	1.943***	0.417***	0.294***	-0.032	1.534***	1.228***	1.914***
	(-0.230)	(2.304)	(-0.833)	(4.248)	(6.162)	(7.800)	(3.922)	(3.249)	(-0.136)	(12.522)	(6.584)	(8.319)
liq	-0.296***	-0.407***	-0.526***	3.326***	3.350***	3.730***	-0.282***	-0.342***	-0.510***	3.520***	3.071***	3.613***
	(-2.871)	(-3.576)	(-3.115)	(21.250)	(16.446)	(19.889)	(-2.982)	(-3.179)	(-3.308)	(22.842)	(11.926)	(13.066)
cap	-0.486	-0.992*	-0.829*	0.352	0.378	1.464	-1.949***	-2.458***	-1.286	0.500	-0.961	-0.445
	(-1.001)	(-1.953)	(-1.679)	(0.393)	(0.401)	(1.528)	(-4.393)	(-6.027)	(-1.441)	(0.577)	(-1.585)	(-0.470)
ROA	0.207***	0.268***	0.225***	-0.156***	-0.167***	-0.174***	0.358***	0.329***	0.306***	-0.211***	-0.125***	-0.077**
	(7.654)	(11.054)	(6.290)	(-4.691)	(-3.070)	(-3.130)	(10.297)	(7.880)	(7.018)	(-4.145)	(-2.715)	(-2.563)
CPI	0.016***	0.020***	0.026***	0.012***	0.019***	-0.007***	0.020***	0.035***	0.042***	0.012***	0.030***	0.000
	(5.493)	(7.070)	(5.397)	(8.723)	(6.957)	(-2.600)	(4.848)	(14.346)	(6.992)	(4.464)	(8.260)	(0.015)
r_GDP	-0.062***	0.049***	-0.007	-0.032***	-0.068***	-0.075***	-0.013	0.060***	-0.018**	-0.019*	-0.111***	-0.101***
	(-5.767)	(5.009)	(-1.195)	(-2.921)	(-4.616)	(-7.203)	(-1.268)	(5.650)	(-2.492)	(-1.654)	(-7.346)	(-8.528)
_cons	4.008***	-2.338***	-2.674***	2.904***	5.381***	9.584***	-1.454*	-4.189***	-4.084***	1.334	4.838***	9.647***
	(6.831)	(-4.493)	(-3.367)	(2.780)	(6.427)	(13.939)	(-1.888)	(-7.228)	(-4.888)	(1.406)	(8.575)	(9.857)
N	157	157	157	157	157	157	157	157	157	157	157	157
sarganp	0.996	0.976	0.993	0.993	0.996	0.999	0.962	0.974	0.967	0.100	0.991	0.999
Ar (1)	0.080	0.089	0.079	0.026	0.026	0.030	0.084	0.080	0.076	0.020	0.026	0.033
Ar (2)	0.345	0.682	0.339	0.476	0.441	0.591	0.942	0.756	0.405	0.466	0.331	0.492

注：括号里的数字为 t 统计量；*、**、*** 分别代表在 10%、5%、1% 的程度上显著。下各表同。

表 2　　贷款市场占有率的竞争指标 HHI 的稳健性检验

	(1) *profit*			(2) *cost*		
L. Y	0.6484***	0.6309***	0.7508***	0.5143***	0.5416***	0.4416***
	(32.2349)	(29.8642)	(41.8917)	(20.9177)	(18.4688)	(20.1257)
ln (*M*1)	1.0419***			0.7500***		
	(15.4622)			(12.5905)		
Rr		0.0560***			-0.0166***	
		(12.7889)			(-3.1947)	
lr			-0.2330***			-0.5444***
			(-8.8532)			(-19.8326)
RISK	0.7368	1.7157	-2.8669**	-7.0753***	-12.3857***	-14.9939***
	(0.4891)	(1.2180)	(-2.0482)	(-2.9829)	(-7.8004)	(-7.5843)
h	9.6823***	6.3456***	10.3180***	4.1938***	1.7735***	11.8650***
	(22.2352)	(14.9403)	(13.4543)	(8.8094)	(4.1712)	(25.5166)
size	0.0335***	0.0321***	0.0234***	-0.0648***	-0.0300*	-0.0366*
	(7.0124)	(7.0685)	(5.7208)	(-5.5739)	(-1.9370)	(-1.9290)
alloc	-0.3903***	-0.8553***	-0.0175	0.9231***	0.8775***	1.5667***
	(-3.6589)	(-7.0145)	(-0.1499)	(5.9808)	(4.1085)	(7.2399)
liq	-1.0368***	-1.2020***	-0.8321***	2.6558***	2.4769***	2.8282***
	(-10.3100)	(-8.9590)	(-10.4566)	(11.4500)	(11.0841)	(10.8421)
cap	-2.1172***	-2.9255***	-0.8479	-0.4800	-0.4767	1.6126**
	(-4.2879)	(-6.9756)	(-1.6172)	(-0.5636)	(-0.6347)	(1.9937)
ROA	0.8203***	0.8405***	0.6583***	-0.0749***	-0.1086***	-0.0138
	(19.3596)	(25.2332)	(15.9997)	(-3.3069)	(-4.3753)	(-0.3745)
r_GDP	-0.0536***	-0.0619***	-0.2557***	-0.0549***	-0.1564***	-0.4242***
	(-10.7464)	(-4.4714)	(-10.1825)	(-6.3893)	(-19.6431)	(-26.4711)
CPI	-0.0279***	0.0145**	-0.0223***	0.0111***	0.0331***	-0.0356***
	(-9.8782)	(2.2854)	(-6.4481)	(4.9242)	(12.5098)	(-10.3694)
_cons	-14.1562***	-4.3129***	4.4566***	-6.3988***	3.3842***	16.7256***
	(-14.3924)	(-6.2513)	(8.0364)	(-9.5078)	(8.4899)	(21.7455)
N	160	160	160	160	160	160
sarganp	0.9994	0.9981	0.9954	0.9834	0.9938	0.9850

续表

	(1) *profit*			(2) *cost*		
Ar (1)	0. 0417	0. 0646	0. 0364	0. 0122	0. 0159	0. 0453
Ar (2)	0. 4126	0. 0430	0. 4526	0. 8758	0. 9704	0. 3544

注：h = HHI。

表 3　　　　资产市场占有率的竞争指标 HHI 的稳健性检验

	(1) *profit*			(2) *cost*		
L. Y	0. 6854***	0. 6340***	0. 7538***	0. 5146***	0. 4887***	0. 4785***
	(25. 0488)	(29. 9447)	(57. 2116)	(22. 3277)	(22. 7890)	(20. 8941)
ln (*M*1)	1. 3104***			1. 0762***		
	(11. 1494)			(12. 2110)		
Rr		0. 0656***			−0. 0029	
		(14. 4962)			(−0. 8288)	
lr			−0. 2186***			−0. 5931***
			(−8. 3645)			(−17. 3394)
RISK	0. 3008	0. 8081	−3. 2241**	−7. 0457***	−12. 9289***	−12. 0548***
	(0. 1927)	(0. 6469)	(−2. 2720)	(−3. 1644)	(−7. 0062)	(−5. 6219)
h	9. 9767***	5. 5010***	9. 8621***	5. 6558***	1. 4674***	12. 6406***
	(14. 4637)	(13. 9520)	(14. 4272)	(13. 3775)	(3. 3784)	(19. 9689)
size	0. 0316***	0. 0336***	0. 0186***	−0. 0436***	−0. 0454***	−0. 0348**
	(7. 2108)	(7. 0123)	(4. 8815)	(−3. 4917)	(−2. 8273)	(−2. 2847)
alloc	−0. 2418*	−0. 8242***	−0. 0753	0. 9602***	0. 9900***	1. 6730***
	(−1. 6801)	(−6. 8490)	(−0. 5441)	(7. 8964)	(4. 3819)	(11. 8564)
liq	−0. 8976***	−1. 1690***	−0. 8448***	2. 6496***	2. 6710***	2. 7498***
	(−7. 2927)	(−9. 8493)	(−7. 7617)	(11. 3125)	(9. 7490)	(10. 5508)
cap	−1. 6889***	−2. 7360***	−1. 2843***	0. 3122	0. 0239	1. 8969**
	(−3. 3770)	(−5. 4887)	(−3. 0371)	(0. 4599)	(0. 0334)	(2. 5157)
ROA	0. 7498***	0. 8422***	0. 6563***	−0. 1558***	−0. 0975***	−0. 0959
	(14. 3896)	(25. 4604)	(19. 5693)	(−5. 1122)	(−3. 2474)	(−1. 5995)
r_GDP	−0. 0646***	−0. 0522***	−0. 2840***	−0. 0702***	−0. 1313***	−0. 5042***
	(−5. 6609)	(−3. 8659)	(−11. 2580)	(−7. 3617)	(−16. 3714)	(−20. 2371)

续表

	(1) *profit*			(2) *cost*		
CPI	-0.0261***	0.0201***	-0.0127***	0.0050	0.0362***	-0.0343***
	(-5.4190)	(3.9574)	(-5.1696)	(1.5013)	(12.0781)	(-8.9505)
_cons	-17.9390***	-5.0688***	3.5877***	-10.3896***	3.0842***	17.4066***
	(-11.4572)	(-9.5482)	(6.2583)	(-10.3268)	(5.2608)	(19.7994)
N	160	160	160	160	160	160
sarganp	0.9998	0.9988	0.9937	0.9836	0.9515	0.9930
Ar (1)	0.0381	0.0655	0.0429	0.0105	0.0202	0.0472
Ar (2)	0.3678	0.0289	0.2510	0.8466	0.6817	0.3892

注：h = HHI。